essentials

essentials liefern aktuelles Wissen in konzentrierter Form. Die Essenz dessen, worauf es als „State-of-the-Art" in der gegenwärtigen Fachdiskussion oder in der Praxis ankommt. *essentials* informieren schnell, unkompliziert und verständlich

- als Einführung in ein aktuelles Thema aus Ihrem Fachgebiet
- als Einstieg in ein für Sie noch unbekanntes Themenfeld
- als Einblick, um zum Thema mitreden zu können

Die Bücher in elektronischer und gedruckter Form bringen das Expertenwissen von Springer-Fachautoren kompakt zur Darstellung. Sie sind besonders für die Nutzung als eBook auf Tablet-PCs, eBook-Readern und Smartphones geeignet. *essentials:* Wissensbausteine aus den Wirtschafts-, Sozial- und Geisteswissenschaften, aus Technik und Naturwissenschaften sowie aus Medizin, Psychologie und Gesundheitsberufen. Von renommierten Autoren aller Springer-Verlagsmarken.

Weitere Bände in dieser Reihe http://www.springer.com/series/13088

Michael Tomoff

Positive Psychologie in der Erziehung

Für Eltern und andere Erziehende

 Springer

Michael Tomoff
Bonn, Deutschland

ISSN 2197-6708   ISSN 2197-6716   (electronic)
essentials
ISBN 978-3-658-15913-9   ISBN 978-3-658-15914-6   (eBook)
DOI 10.1007/978-3-658-15914-6

Die Deutsche Nationalbibliothek verzeichnet diese Publikation in der Deutschen National-
bibliografie; detaillierte bibliografische Daten sind im Internet über http://dnb.d-nb.de abrufbar.

Gedruckt auf säurefreiem und chlorfrei gebleichtem Papier

Springer ist Teil von Springer Nature
Die eingetragene Gesellschaft ist Springer Fachmedien Wiesbaden GmbH
Die Anschrift der Gesellschaft ist: Abraham-Lincoln-Str. 46, 65189 Wiesbaden, Germany

Was Sie in diesem *essential* finden können

- Erkenntnisse aus der Wissenschaft zum Thema Erziehung
- Tipps für eine positivere Erziehung und entwickelnde Begleitung von Kindern
- Impulse für Eltern und im Erziehungsbereich tätige Menschen, um subjektiven Stress bei der Erziehung zu mindern oder den teilweise großen Belastungen Stand zu halten.

Inhaltsverzeichnis

Einleitung

Eltern zu werden, ist für manche Menschen das größte Glück der Welt, während andere nur müde den Kopf schütteln und sich fragen, warum man sich freiwillig so etwas antun sollte. Es ist nicht überraschend, dass sich einige der größten Wendepunkte im Leben in der Familie abspielen. Die Erwartung, dass Kinder uns immens glücklich machen, ist nicht nur in unserer Kultur verwurzelt, sondern evolutionär bedingt und weltweit vorhanden.

Es gibt tatsächlich zahlreiche Gründe, Kinder zu bekommen. Glück muss dabei noch nicht einmal das finale Ziel sein. Die Suche nach dem Sinn des Lebens, der Wunsch, geliebt zu werden, im Alter nicht allein zu sein, etwas weiterzugeben und zu hinterlassen – auch der Wunsch in einer Partnerschaft, den „nächsten Schritt zu gehen" und etwas gemeinsam zu schaffen, kann ein großer Antreiber sein. Für viele sind Kinder ganz unromantisch die logische („dazu ist mein Körper doch da") oder die unvermeidliche Konsequenz („ich bin gegen Abtreibung").

Obwohl die Annahme über das Glück mit Kindern uns bisher möglicherweise vor dem Aussterben bewahrt hat, ist sie dennoch Ausgangslage für viel Leid und viele Krisen: Denn wenn das Elternsein uns nicht so glücklich macht, wie wir es erwartet hatten, fühlen wir uns nicht nur unglücklich, sondern zudem häufig auch noch entmutigt und beschämt. Schließlich gibt es jetzt kein sozial akzeptiertes Zurück mehr (es gab ja schließlich nie eine 30-Tage-Rückgabe-Garantie).

Für mich war beim Schreiben dieses Buches – neben dem rein egoistischen Nutzen von mehr Wissen über die Verbindung von Positiver Psychologie und der Erziehung meines eigenen Nachwuchses – der Wunsch vorhanden, den Eltern und allen anderen Erziehenden[1] eine Unterstützung zu bieten, die über das „jedes Kind ist anders" und „das ist nur eine Phase" hinaus geht. Unterstützung auf *wissenschaftlicher* Basis.

Wahrscheinlich stehen Sie (*wenn* Sie Kinder haben) wie viele andere Eltern, die über Möglichkeiten der Positiven Psychologie beim Aufziehen ihrer Kinder lesen, ebenfalls mehreren ambivalenten Situationen und Entscheidungen gegenüber:

- genug **Freiheit und Freiraum** für Ihre Kinder zu schaffen, damit sie sich in jeder Situation gut entwickeln können… aber nicht *zu* viel davon, um eine gefährliche (Schief)Lage zu vermeiden
- eine Umgebung zu bieten, in der sich die Kids **geschützt und aufgehoben** fühlen… aber nicht *zu* viel Schutz, um ihnen die Möglichkeit wichtiger Lernerfahrungen über Autonomie und Durchhaltevermögen nicht zu nehmen
- sie aufgrund Ihrer Erfahrungen in die „**richtige Richtung**" zu dirigieren, sodass sie sich entfalten und ihren positiven Teil zur Gesellschaft beitragen können… aber nicht *zu* viel Richtung, um ihre natürlichen Interessen und Ambitionen nicht im Verborgenen verbleiben zu lassen
- die Werkzeuge **extrinsischer Motivation** zur Lösung verschiedenster Probleme zu nutzen (Belohnung oder Bestrafung)… und gleichzeitig die **intrinsischen Antreiber** Ihrer Kinder nicht zu untergraben und sich abhängig von jenen externen Kräften zu fühlen („Mähst du den Rasen?" – „Wie viel kriege ich denn dafür?")
- stets die **Grenzen und Verbesserungsfelder** Ihrer Kinder **im Blick zu behalten** … und es gleichermaßen nicht zu verpassen, die natürlichen Stärken der Kinder zu fördern, sie zu feiern, neue Anwendungsfelder zu erschließen und die Stärken dadurch noch zu vergrößern
- ihnen **Werte wie Besonnenheit, Vorsicht, Weisheit oder Selbstkontrolle** für turbulente Zeiten mitzugeben… aber nicht *so viel* davon, dass Hoffnung, Optimismus, Begeisterung und Neugier getrübt werden oder völlig verschwinden (wenn das überhaupt möglich ist)

Ich gehe davon aus, dass viele Eltern von einer Seite zur anderen pendeln und häufig das Gefühl haben, überfordert zu sein, hinterherzuhecheln und sich eben durchzukämpfen, anstatt „einen guten Job" zu erledigen.

---

[1]Ich werde vornehmlich die Eltern anreden, wobei viele der Impulse und Erkenntnisse natürlich genauso gut für Pädagogen, Lehrer, Omas, Opas und die Nachbarn von nebenan passen, die sich in ähnlicher Weise um Kinder kümmern …

Ich lade Sie deshalb dazu ein, die folgenden Zeilen als Impulse zu betrachten, die nicht nur mögliche neue Übungen oder Werkzeuge für Sie bereithalten, sondern auch immer wieder Anreiz zum Perspektiv- oder Haltungswechsel sein können.

„Positive" Psychologie bedeutet in diesem Kontext nicht, dass Sie alles Negative ignorieren oder möglichst geschmeidig unter den Teppich kehren sollen, was mit ihren oder den Kindern anderer Eltern zu tun hat.

Fazit

Zusammengefasst kümmert sich die Positive Psychologie im Bereich von Erziehung auf praktische und wissenschaftliche Art und Weise um die Themen von (Charakter)Stärken, Strategien zu ihrer Kultivierung und ihrem Ausbau zu vollem Potenzial. Sie geht der Frage nach, was „das gute" Leben ausmacht und was jeder Einzelne dazu beitragen kann[2].

Sie werden in diesem Büchlein zu einem riesengroßen Bereich lediglich einen komprimierten und ausgewählten Vorgeschmack bekommen, der Ihnen aber nichtsdestotrotz ein Begleiter in guten und in schlechten Zeiten sein kann und Ihnen Mut machen soll, sich mit all Ihren eigenen Fähigkeiten in das wunderbare Feld der Erziehung einzubringen.

---

[2]Für eine ausführliche Definition und kurze Geschichte der Positiven Psychologie finden Sie im Sachbuch Positive Psychologie: Erfolgsgarant oder Schönmalerei (Tomoff, 2017) weitere Informationen.

Unterstützung der Eltern 2

Im Folgenden möchte ich Ihnen einige Studien und Interventionen vorstellen, die Ihnen das Leben erleichtern sollen, eine Richtung schenken können oder zumindest die Last verringern, die viele Eltern auf den Schultern haben. Einige dieser Studien klingen nach Alltagswissen (sind es aber nicht), weitere klingen zuerst sehr defizitorientiert, andere bieten neue und eher ungewöhnlichere Ansätze. Allen ist aber gemeinsam, dass sie anhand von Tests, Experimenten und rigider Analyse zu ihren Ergebnissen gekommen sind, was sie – zumindest aus meiner begrenzten Wahrnehmung heraus – von vielen Ratgebern abgrenzt und Ihnen einen Mehrwert verschaffen sollten.

Beginnen möchte ich mit einer Frage, die gerade junge Eltern häufig beschäftigt, nicht einfach zu stellen und noch schwieriger zu beantworten ist:

Fragen
Sind Eltern glücklicher als Elternlose oder nicht?

Noch schlimmer als die Erkenntnis, dass Sie möglicherweise den „falschen" Partner für sich ausgesucht haben, ist die Feststellung, dass Sie wenig Freude daran finden, den gemeinsam gezeugten Zwerg großzuziehen und die unzähligen täglichen Aufgaben und Sorgen zu tragen, die die Rolle des Elternteils mit sich bringt. Möglicherweise haben Sie die Nase voll von dem, was bisher passiert ist, und nicht den Hauch von Lust auf das, was noch vor Ihnen liegt.

Schlimm genug, aber diese aufkommenden, unwillkommenen Gefühle führen zudem dazu, dass Sie sich wie ein Außenseiter in einer Kultur fühlen, die jegliche „Erziehungsfehler" heftig kritisiert und brandmarkt. So kann es passieren, dass Ihr Innerer Kritiker nicht nur das Wort „Rabenmutter" (oder -vater) immer wieder schelmisch grinsend in Ihr inneres Ohr säuselt, sondern Sie sich auch unwohl

© Springer Fachmedien Wiesbaden GmbH 2017
M. Tomoff, *Positive Psychologie in der Erziehung,* essentials,
DOI 10.1007/978-3-658-15914-6_2

fühlen, Ihre wahren Gefühle über das Elternsein zu äußern und damit das Risiko einzugehen, von anderen negativ abgestempelt zu werden.

Erstaunlich, denn so tabu diese Gefühle teilweise auch sind, so weitverbreitet sind sie laut Forschung. Eine möglicherweise für etwas Entlastung sorgende Analyse von mehr als hundert Studien deckte auf, dass Paare, die vor und nach der Geburt ihres Kindes begleitet wurden, unter einem permanenten Abstieg ihrer Zufriedenheit in ihrer Beziehung litten (Luhmann et al. 2012).

Keine große Überraschung, mögen viele von Ihnen jetzt denken, sind Kinder doch teuer, anstrengend und emotional belastend. Es scheint wie ein Wunder, dass wir bis zum Tage der Geburt des ersten Kindes nicht in der Lage zu sein scheinen, uns die Schwierigkeiten des Elternseins vorzustellen. *Nach* diesem Tag wird jedoch kein Elternteil über die Info überrascht sein, dass Eltern nach der Geburt ihres ersten Kindes deutlich weniger glücklich sind als davor (Umberson et al. 2005).

Die Befunde über die Frage, ob Eltern glücklicher sind als kinderlose Paare, sind jedoch gemischt. Eine Reihe von Studien, die Glück und Zufriedenheit von Eltern und Nicht-Eltern aller Altersgruppen und Lebensumstände in Form von Metaanalysen vergleichen, schreiben den Eltern weniger Wohlbefinden zu (z. B. Twenge et al. 2003; Glenn und Weaver 1979). Eltern zeigen unter diesen Ergebnissen sogar eine erhöhte Wahrscheinlichkeit, depressiv zu werden (Evenson und Simon 2005) oder unter Angstzuständen zu leiden (Mclanahan und Adams 1987). Andere Studien fördern durchaus positivere Erkenntnisse über das Elternsein zutage.

Fragen
Moment, Moment! Was haben Kinder mit Depressionen zu tun?

2.1　Überfürsorge kann depressiv machen

Ob etwas Bestimmtes „depressiv machen" kann, sei erst einmal dahingestellt. Allgemeine Ansage ist aber häufig: „Gute Eltern" gehen voll und ganz auf in ihrer Rolle als Fürsorger. Sind Sie allerdings von Ihren Kindern genervt und wollen Sie mitsamt der Verantwortung aus dem Fenster werfen, sind Sie ein schlechter Vater oder eine schlechte Mutter.

Kennen Sie diesen Gedanken?

Egal, ob Sie zu den Eltern gehören, die meinen, andere sollten sich mehr um ihre Kleinen kümmern („Die schaut mehr in ihr Handy als zu ihrem süßen Spatz!") oder vielleicht beim Anblick anderer Mütter „Elende Glucke!" denken – sicher ist, dass die Kleinen zumindest zu Beginn ihres Lebens viel Aufmerksamkeit benötigen und einfordern.

Aber wie so häufig: Die Dosis macht das Gift, wie schon Paracelsus wusste. Wird die Aufmerksamkeit und Sorge übertrieben, kann das besonders für die später erwachsenen Kinder erdrückend sein. Schiffrin und seine Kollegen (2013) befragten 297 Studenten über das Verhalten ihrer Eltern und was sie selbst über dieses dachten. Die Wissenschaftler fanden eine Verbindung zwischen der „Elternparanoia" und einem erhöhten Depressionsniveau unter den Studenten. Das permanente Schweben über den eigenen Kindern (deshalb auch „Helicopter-Parenting" genannt) und die stetige Überwachung vor möglichen Gefahren hatten den Jugendlichen also nicht gutgetan.

Zusätzlich zu einem deutlich erhöhten Depressionsrisiko hatten die Studenten ein niedrigeres Empfinden von Autonomie, reduzierter Verbundenheit und zudem ein vermindertes Kompetenzempfinden.

Keine besonders guten Voraussetzungen für ein erfülltes Leben, denn insbesondere das Gefühl, eigene Entscheidungen treffen zu können, ist ein großer Treiber für Wohlbefinden (vgl. Tomoff 2017).

Eine Lehre aus dieser Studie könnte also sein, den eigenen Erziehungsstil anzupassen, falls es den Sprösslingen zu nah und intensiv wird (keine leichte Aufgabe, dies zu erkennen!). Stetige Kommunikation ist also das A und O. Vielleicht in Form eines Familientreffens an einem fixen Tag oder anhand für beide Seiten angemessenem Zeitabstand stattfindender Einzeltreffen mit den Kindern (z. B. ein Vater-Sohn-Tag). Solche und ähnliche Aktivitäten versprechen eine gute Möglichkeit zur frühzeitigen Erkenntnis, wann etwas „zu viel" ist oder nicht.

Die Freude, Kinder zu haben, ihnen beim Erkunden, Wachsen, Fehlermachen und Daraus-Lernen zuzuschauen, ihnen beizustehen und erster Anlaufpunkt zu sein, ist ein großartiges Gefühl. Gleichzeitig kommen mit den Kindern zahlreiche neue Verantwortlichkeiten als Eltern dazu und können ihren Schatten hinterlassen, ja die positiven Aspekte sogar in den Hintergrund schieben (Evenson und Simon 2005). Die Kunst ist es, all das, was Sie als erdrückend wahrnehmen, mit einer anderen Perspektive zu beleuchten, unter anderen Gesichtspunkten zu betrachten (mehr dazu in Abschn. 2.3).

Das fängt schon bei den kleinen Dingen an.

2.2   Kleine Dinge machen uns verrückter als große

Die kleinen Ärgernisse, die jeder Elternteil mit seinen Kindern fast auf täglicher Basis erlebt, sind jene, die auf unser Wohlbefinden den stärkeren Einfluss ausüben als die großen Ereignisse (Kanner et al. 1981). Der intuitive Gedanke, dass die kleinen Belästigungen schlimmer sind als die großen Katastrophen, macht wenig Sinn – bis wir überlegen, warum das sein so mag.

Kanner und Kollegen argumentieren, dass wir bei signifikanten Ereignissen – einem Autounfall, der Entlassung aus dem Job, dem Rauswurf des eigenen Kindes aus der Schule – akut motiviert sind, die Situation zu meistern und die Krise so schnell wie möglich hinter uns zu bringen. Wir suchen emotionale Unterstützung bei Eltern, Freunden oder professioneller Beratung, nehmen an Trainings von Arbeitgebern teil, holen uns Zweitmeinungen von Ärzten, lesen in Ratgebern oder googeln uns durch die Tiefen des Internets. Wir nutzen diese Fülle an Informationen kognitiv und sachlich, um zu begreifen, rational zu erklären, Sinn zu geben, das Gute an der schlimmen Situation zu finden und zu akzeptieren, was geschehen ist.

All dies tun wir selten bei kleinen Enttäuschungen und Irritationen. Wir wollen andere nicht mit den Lappalien unseres Alltags nerven und nehmen häufig an, dass wir alleine sind mit unseren Problemen, dass wir möglicherweise schlechte Eltern sind und es nicht halb so gut schaffen wie andere Vorzeige-Eltern. Aus diesem Grund leiden wir paradoxerweise häufiger und länger unter den kleinen Dingen als unter den großen (Gilbert et al. 2004).

Eine Lösung könnte sein, sich vermehrt mit Freunden, Bekannten oder (noch) Fremden über diese Themen zu unterhalten, sich zu öffnen und nicht nur ehrlich mit sich selbst, sondern auch ehrlich gegenüber anderen zu sein. Das muss nicht immer den Weg zu einem Coach oder Therapeuten bedeuten, denn auch Krabbelkreise, PEKIP-Kurse oder die Zwergenmusikgruppe können Anschluss zu Gleichgesinnten bieten und ein Auffangbecken für kleine und große Sorgen bilden.

2.3   Bedeutsamkeit – Das große Ganze im Blick behalten

Kommen wir aber weg von den deprimierend klingenden Forschungserkenntnissen! Wie so häufig in der Wissenschaft gibt es natürlich auch Studien, die einen positiveren Blick und erfreulichere Ergebnisse zu berichten haben. Nelson, Lyubomirsky und ihre Kollegen (Nelson et al. 2013) fanden z. B. heraus, dass Eltern …

- ihr Leben insgesamt positiver bewerten als Nicht-Eltern,
- sich auf täglicher Basis auch relativ zu den Nicht-Eltern wohler fühlen und
- mehr positive Gefühle aus den Aufgaben zur Pflege ihrer Kinder ziehen als Nicht-Eltern.

Besonders die Väter dürfen sich glücklich schätzen – und tun das laut Wissenschaft auch mit viel Dankbarkeit und Stolz, was mit einem hohen Maß an weiteren positiven Emotionen belohnt wird. Väter sind bezogen auf Kinder größere Glücksempfänger als Mütter. Aber das liegt höchstwahrscheinlich daran, dass Väter trotz gestiegener in Anspruch genommener Elternzeit durchschnittlich immer noch weniger im Haushalt und für die Kinder da sind und möglicherweise überwiegend die schönen Seiten des Elternseins mitnehmen. Von Müttern während der Pflege ihrer Kinder erledigte Aufgaben bleiben häufig liegen oder werden später noch von ihnen abgearbeitet (Craig 2006).

Zudem ist Vorsicht bei der Deutung der Ergebnisse gefordert: Bei jenen Eltern, die nach der Geburt ihrer Kinder glücklicher waren, liegt die Möglichkeit, dass sie auch vorher schon glücklicher waren als andere Eltern und deshalb Kinder bekamen. Aber – und damit komme ich zu den ersten möglichen Interventionen aus der Positiven Psychologie, was das Aufziehen von und den Umgang mit Kindern betrifft – diese glücklicheren Eltern haben wahrscheinlich eine oder mehrere der folgenden Dinge für das eigene Wohlbefinden getan:

1. Sie betrachteten ihr Elterndasein langfristig und hatten **das große Ganze im Blick,**
2. sie erfuhren durch ihre Kinder **mehr Sinn in ihrem Leben** und/oder
3. sie nahmen sich **mehr Zeit** (siehe auch Abschn. 2.4).

Wenn sich Eltern in Krisenzeiten auf das Umfassende, also darauf besinnen, warum sie überhaupt Kinder haben wollten, wie sich die Kindererziehung im Laufe der Jahre veränderte und (gewöhnlich) verbesserte, was wir mit unserem Nachwuchs für unsere Gesellschaft tun und damit auch für zukünftige Generationen – das kann zu großen, philosophischen Fragen führen und nachdenklich stimmen: Was ist der Sinn unseres Lebens? Was ist unsere Aufgabe?

Die Gedanken alleine machen aber noch nicht nachhaltig glücklicher. **Soziale Unterstützung** durch die Kinder und Enkelkinder vermag dies jedoch sehr wohl.

Insbesondere ältere Menschen profitieren deshalb in großem Maße von positiven Beziehungen zu ihren erwachsenen Kindern und berichten, dass es eine der besten Erfahrungen in ihrem Leben ist, Enkelkinder zu haben. Nach Jahren der Erfahrung beim Großziehen der Kinder werden – wie in vielen anderen Lebensphasen auch – im Nachhinein einige Dinge klarer und deshalb alleine deshalb die Erziehung schon entspannter.

Und wenn wir die 70 überschritten haben, ist die Wahrscheinlichkeit groß, dass wir uns über die Kontinuität freuen, die Kinder erzeugen. Wir schätzen die Bedeutung des Großziehens der Kinder, den Anschluss an uns und letztlich sind wir auch froh über die übergreifende Sinnhaftigkeit im Leben (Pillemer 2011). Und dieses Erleben von mehr Sinnhaftigkeit mit Kindern stellt sich immer dann verstärkt ein, wenn man auch Zeit mit seinen Kindern verbringt (Nelson et al. 2013).

Ungeachtet aller Befunde dafür, dass diejenigen von uns, die das Elternsein nicht schätzen, ganz und gar nicht unverantwortlich oder gar verrückt sind – wenn Menschen vertraulich darüber sprechen, was sie in ihrem Leben am meisten bereuen, berichtet kaum jemand vom Bedauern darüber, Kinder gehabt und groß gezogen zu haben. Im Gegenteil: 94 % der Väter und Mütter zwischen 15 und 44 Jahren stimmen der Aussage zu, dass es trotz der hohen Kosten und Arbeit wert war, Eltern zu werden (Martinez et al. 2006). Denn wenn schlafarme Nächte, Schrecken über Unfälle und große Sorgen der Vergangenheit angehören, bleiben schöne Erinnerungen, Nostalgie und die Zufriedenheit, das Großziehen durchgestanden und vorangebracht zu haben. Das Bedauern dagegen, keine oder zu wenig Kinder gehabt zu haben, gehört – neben dem Bedauern, nicht genug Bildung erfahren zu haben – zu den meist genannten Dingen, die alte Menschen bereuen (Hattiangadi et al. 1995).

2.4 Es lohnt, die Kinder auf Prio 1 zu setzen

Wenn wir überarbeitet, unglücklich oder dauerhaft erschöpft sind, können wir keine so herausragenden Eltern sein wie wir uns das wünschen würden. Eine Pause zu machen, kann uns neue Energie schenken, uns wiederbeleben und stärken. Ruhepausen haben den schönen Nebeneffekt, dass man den Kopf wieder frei bekommt und sich auf die wichtigen Themen besinnt. Eine Auszeit vom Elternsein zu realisieren, könnte durch die Unterstützung des Partners, guter Freunde oder auch der (Schwieger-)Eltern geschehen.

Eine Auszeit vom Elternsein bedeutet aber nicht, dass Sie den Zwerg (oder die Zwerge) einfach mit ins Café nehmen, wo Ihre Freundin bzw. das Gespräch mit ihr für Ablenkung sorgen soll.

Kennen Sie jene Eltern, die auch im Café nicht einen Satz mit Ihnen zu Ende kriegen, weil nebenan der fordernde Knirps („Mama… Mama… Mammmmaaaaaa…!") längst die nächste Frage hat und das scheinbar immer Vorrang hat? So schade das für die Konversation mit Ihrem Gesprächspartner auch sein mag – die Wissenschaft zeigt, dass eine kinderzentrierte Einstellung förderlich für das eigene Glücksgefühl ist.

Studien der Positiven Psychologie stellen wiederholt heraus, dass die sozialen Beziehungen zu anderen (insbesondere zu den Nächsten) einen hohen – wenn nicht sogar den größten – Anteil des Wohlbefindens erklären, den Menschen mit intensiven und positiven Beziehungen verspüren.

Claire Ashton-James und ihre Kollegen (2013) fanden z. B. heraus, dass jene Eltern mit dem größten Fokus auf ihre Nachkommen ebenfalls diejenigen waren, deren Glücksgefühl das höchste Level hatte und die stärker als andere durch ihre Kinder einen **tieferen Sinn** in ihrem Leben sahen. Negative Gefühle kamen bei diesen Eltern seltener auf.

Diese Befunde legen nahe, dass die erhöhte Pflege von anderen und Aufmerksamkeit für andere erhöhtes eigenes Wohlbefinden und das Gefühl eines tieferen Lebenssinns nach sich ziehen. Einen Hinweis für mögliche negative Folgen dieser Priorität zeigte sich ja bereits bei der Überfürsorge weiter vorne. Es gilt also – wie so häufig – ein gesundes Mittelmaß zu finden, sodass weder Sie, Ihr Gesprächspartner im Café noch Ihr Kind eine Schreiattacke bekommen.

> ▶ Dem Kind die Top-Priorität am Tag zu geben, sollte natürlich auch nicht Ihre Paarbeziehung in den Hintergrund rücken lassen. Am Ende hilft es vermutlich weder Ihnen noch Ihrem Kind, wenn Sie zur ohnehin schon großen Scheidungsquote in Deutschland Ihren Beitrag leisten, weil Sie Ihren Fokus allein auf den Nachwuchs gerichtet, aber die partnerschaftliche und grundlegende Basis vernachlässigt haben.

Vielleicht haben Sie ja ein befreundetes Paar in der gleichen Situation, dann können abendliche Ruhephasen für beide Seiten geplant werden, indem mal Sie und mal die Freunde das jeweils andere Kind mitnehmen. Dann hätte Ihr Kind auch noch einen (weiteren) Spielkameraden. Und der Gang ins Café mit Ihrer Freundin oder Ihrem Kumpel wird sicherlich intensiver und für beide Seiten schöner, wenn Sie Ihr Kind in einer kinderfreundlicheren Atmosphäre hinterlassen. Es gibt in zahlreichen Städten aber genau diese Art von Cafés auch für Eltern mit ihren Kids.

2.5   Verschriftlichung von Sorgen und Ängsten

Eine der effektivsten Strategien zur Steigerung von Wohlbefinden ist das Schreiben, z. B. in Form eines Tagebuchs. Über das Verfassen regelmäßiger schriftlicher Einträge den emotionalen Sinn des Elternseins oder das Gute an den häufigen Kämpfen und Mühen zu sehen, hilft enorm.

James Pennebaker, Professor an der Uni Texas, fand heraus, dass das Schreiben über unsere tiefsten Gefühle, die wir bezüglich unserer Nöte und Qualen haben, unsere körperliche und geistige Gesundheit steigern kann. Pennebaker nennt dies „expressives Schreiben" oder auch „emotionale Offenbarung" (Pennebaker 1997) und in den letzten Jahren haben er und andere Wissenschaftler weit über einhundert Studien durchgeführt, die diese Befunde bestätigen.

Das Verfahren, das Pennebaker in seinen Studien nutzt, ist denkbar einfach: Holen Sie sich ein leeres (digitales) Notiz- oder Tagebuch und fangen Sie an zu schreiben – und zwar mindestens drei bis fünf Tage am Stück, wobei längere Blöcke vorteilhafter sind und die nötige Routine bringen.

In Studien, in denen Wissenschaftler Studienteilnehmer, die regelmäßig über ihre Miseren und bedrückenden Erfahrungen schrieben, mit jenen Studienteilnehmern verglichen, die über neutrale, oberflächliche und wenig emotionale Themen berichteten, fanden Pennebaker und Kollegen konsistent heraus, dass „expressive Schreiber" glücklicher und mit ihrem Leben zufriedener sowie auch insgesamt weniger depressiv waren.

Wenn die Forscher Tage oder Wochen später noch einmal nachfragten, hatten die Schreiberlinge auch seltener den Arzt aufgesucht, ein stärkeres Immunsystem und zeigten höhere Leistungen in Schule oder Beruf. Weiterhin zeigten sie weniger Absentismus und fanden nach einer Kündigung auch schneller wieder eine neue Anstellung (eine gute Zusammenfassung der Studie finden Sie bei Frattaroli 2006).

(Verschriftlichte) Sprache hat also einen kritischen Effekt auf die Wahrnehmung der Kinderthemen und die Reaktion auf diese. Alleine der Akt, intensive Emotionen und Bilder in eine schlüssige Erzählung zu transportieren, hilft beim Strukturieren von Stress und Problemen, unterstützt klarere Formulierungen und diese Probleme als normalen Teil des Lebens mit in die eigene Geschichte zu integrieren. Nutzen Sie diese Übung und halten Sie Ihre intensiven Gefühle über schwierige oder aufreibende Erlebnisse als Eltern fest. Möglicherweise sogar – ganz modern – in einem Blog, der am Ende sogar noch ein feines Geschenk für Ihr(e) Kind(er) darstellt und von Ihren Gedanken und Erfolgen als Eltern berichtet.

2.5.1 Verschriftlichung von Freude und Spaß: Die Wunderbar-Kanne

Nicht nur Sorgen und Ängste lassen sich besser verarbeiten, wenn sie verschriftlicht werden. Auch der Nutzen von aufgeschriebenen Highlights Ihrer Familie ist ein kostbarer Schatz, den Sie sogar regelmäßig heben können. Diese Übung hat zur Abwechslung einmal keine wissenschaftlich überprüfte Ergebnishistorie, sondern fußt auf eigenen guten Erfahrungen in der Familie:

Nehmen Sie eine Vase, eine Milchkanne oder ein ähnliches Gefäß, in das die (des Schreibens oder Malens fähigen) Familienmitglieder über das Jahr verteilt kleine Zettel stecken können (siehe z. B. Abb. 2.1). Auf diesen Zetteln halten Sie wunderbare Momente fest, die Ihnen aufgefallen sind, die sie untereinander schätzen und festhalten möchten: Der Geburtstag mit Nachtwanderung. Der überraschende Besuch von Opa Rolf mit anschließendem Picknick am Fluss. Das erste bewusste Silvester des Kindes, hinter der Scheibe staunend, mit farbenfrohem aber leisem Spektakel vor den Augen. Die Geschichten über Ur-Oma und Ur-Opa, wie sie flohen und von Fremden aufgenommen worden waren. Weihnachtsgeschichten im Kerzenschein, am Ofen erzählt und mit Kakao verschlungen.

Wenn Sie solch eine Kanne am Silvesterabend zum Abschluss des Jahres öffnen, die Zettel auf die Tischplatte kippen und nacheinander durchsprechen, durchleben Sie die schönen Augenblicke nicht nur ein weiteres Mal auf dem Papier, Sie erhöhen damit auch das Wohlbefinden der ganzen Familie (Bryant et al. 2005). Und das ist doch einmal eine schöne Alternative zur angeborenen Tendenz, sich die negativen Dinge besser zu merken (Baumeister et al. 2001).

Abb. 2.1 die Wunderbar-Kanne

Unterstützung bei der Erziehung im Privaten

3

Nicht nur das Eltern-Sein kann als Bürde wahrgenommen werden. Auch der Akt des Erziehens selbst kann schwerfallen. Er fordert oft schnelle Entscheidungen, deren Einhalten oder Revidieren viele innere oder Konflikte *zwischen* den Eltern hervorrufen kann.

Die Erziehung ist – stärker als das z. B. bei den Werten der Eltern der Fall ist – häufig erlebbar und anhand vieler Augenblicke teilweise auch von Fremden einsehbar. Auch, wenn es immer nur Momentaufnahmen und im Nachhinein alles eine Erklärung hat – wenn Sie ein Elternteil sehen, das sein Kind ungeduldig hinter sich her schleift, anschreit oder abwesend am Handy tippt, während der kleine Zwerg bedürftig zu Mama oder Papa schaut, ist das Urteil doch leicht gefällt, oder?

Und wer kann schon von sich behaupten, nicht mehr an der Meinung anderer interessiert zu sein…

Damit Sie nicht vom Grübeln über das, was die anderen wohl denken, in den Wahnsinn getrieben werden, möchte ich Ihnen hier ein paar Impulse aus der Positiven Psychologie mitgeben.

3.1 Von Glucken, Rabenmüttern und dem Neinsagen

Sie haben bereits über „Elternparanoia" gelesen und was es bei Ihren Zöglingen anrichten kann (Abschn. 2.1). Viele Frauen berichten, dass die Erziehung und Pflege ihrer Kinder stressiger ist als ihr Job und können es kaum erwarten, wieder etwas „mit ihrem Kopf" machen zu können, ihre (anderen) Fähigkeiten einzusetzen und von Zuhause raus zu kommen.

© Springer Fachmedien Wiesbaden GmbH 2017

M. Tomoff, *Positive Psychologie in der Erziehung*, essentials,

DOI 10.1007/978-3-658-15914-6_3

Ein schlechtes Gewissen ist oftmals die selbst geschaffene Folge dieses Wunsches. Und ein schlechtes Gewissen kann ebenso stressen – auch ohne die vielen stummen Blicke, die die eigenen Gedanken, eine „Rabenmutter" zu sein, vermeintlich noch verstärken.

Rizzo et al. (2012) fanden in ihrer Studie anhand von 181 Müttern von Kindern unter 5 Jahren heraus, dass insbesondere die Mütter einen Hang zu Depressionen zeigten, die eine extrem intensive Beziehung zu ihren Kindern hatten. Insbesondere jene, die die Einstellung vertraten, dass ihre Kinder heilig und Frauen bessere Eltern seien als Männer, bekamen mit höherer Wahrscheinlichkeit Depressionen und hatten eine geringere Lebenszufriedenheit.

Die Lehre daraus könnte folgende sein: Ja zur sensiblen Pflege der Kids (Prio 1), aber Nein, wenn es zulasten der eigenen psychischen oder physischen Gesundheit geht! Wenn Sie merken, dass Sie weder für sich noch für Ihr(e) Kind(er) eine wertvolle Lern- und Wachstumsumgebung schaffen, setzen Sie sich an die erste Stelle und gönnen Sie sich eine Auszeit. Sie tun damit allen Beteiligten etwas Gutes. Das bedeutet auch, zu einigen Dingen Nein zu sagen.

Diese Fähigkeit ist eine der für viele schwierigsten Dinge und Angewohnheiten, die es gibt. In meinem Blog „Was Wäre Wenn – Positive Psychologie und Coaching" ist der Artikel „Grenzen setzen: 17 Möglichkeiten zum gesunden Nein-Sagen"[1] der drittmeistgelesene Artikel unter momentan ca. 160, direkt nach dem Wissen, „Wie man sich für Fehler entschuldigt" auf Platz 1 und 12 wissenschaftlich belegten Tipps für bessere Selbstkontrolle und Disziplin auf Platz 2 (Stand August 2016).

Ich denke, dass das Neinsagen alleine schon schwierig ist. Mit Kindern steigen die Anforderungen an sich aber noch einmal. Trotzdem wird ein vermehrtes Nein jene notwendigen Auszeiten für sich selbst wahrscheinlicher machen.

Kinder probieren sich schon früh im Neinsagen aus, das weiß jedes Elternteil. Z.B. auch bei der Hausarbeit.

3.2 Hausarbeit ja, aber bitte gemeinsam

Geteiltes Leid ist dem Volksmund nach bekanntlich halbes Leid. Hausarbeit kann durchaus ein solches Leid darstellen. Denn das, was zu Hause getan oder nicht getan werden sollte, ist schon in vielen Beziehungen *ohne* Kinder ein ständiges

---

[1]Den Artikel finden Sie hier: http://goo.gl/QFOWqN.

Streitthema, weil das Bedürfnis nach Sauberkeit und Ordnung häufig nicht gleich stark bei den Partnern ausgeprägt ist. Kinder beschleunigen den Fluss von „sauber" hin zu „dreckig" noch ein wenig. Und damit auch die Häufigkeit bzw. Geschwindigkeit der auftretenden Konflikte.

Eltern haben eine Vorbildfunktion – auch beim Ausüben von häuslichen Pflichten. Streiten sich Eltern mehr über die häuslichen Aufgaben als sie Zeit in die Erziehung ihrer Kinder investieren, dann macht das Größerwerden weder für Eltern noch für ihre Kinder Spaß.

Eines der Ergebnisse von Galovans Studie (Galovan et al. 2013) ist, dass Männer häufiger anpacken könnten, um die Last der Pflichten besser zu verteilen. Viel spannender und weniger trivial ist die zweite Erkenntnis aus der Studie: Der Trick, sich schon bei den häuslichen Aufgaben die Energie und das Wohlbefinden für die Erziehung der eigenen Kinder zu holen, liegt im *gemeinsamen* Ausführen der Aufgaben.

Ob er bügelt, während sie abwäscht, oder sie staubsaugt, während er ihr nass hinterherwischt – wenn Partner die Hausarbeit zur gleichen Zeit erledigen, haben sie nicht nur mehr *gemeinsame Zeit,* sondern laut Studie oben drauf eine höhere Zufriedenheit.

Und wenn der eigene Nachwuchs endlich auch aus eigener Kraft auf die verstaubten Schränke gelangt, steht einem gemeinsamen Putzmorgen am Samstag mit laut aufgedrehter Gute-Laune-Musik nichts mehr im Weg, um das energiereiche und hoffentlich streitarme Wochenende einzuläuten!

Begleitende und spaßige Dinge wie Musik beim Saubermachen, kleine Herausforderungen und ein gewisser Team-Spirit sind zwar keine Garantie, dass die Kleinen anpacken, aber sie erhöhen zumindest die Wahrscheinlichkeit, dass das „Nein" zu Hausarbeit ein „Na gut" wird.

3.3 Warum Geschwister so verschieden sind – und das auch gut ist

Eltern mit mehr als einem Kind wissen eines: Die Persönlichkeiten der Geschwister sind häufig extrem unterschiedlich. Das macht die Erziehung nicht immer einfacher. Hat eine Art des Großziehens in einem Aspekt einmal geklappt, muss es nicht zwangsläufig beim nächsten Kind genauso viel Erfolg versprechen. Noch nicht einmal bei Zwillingen ist das so.

Auch Sie können die Unterschiedlichkeiten leicht überprüfen, falls Sie ein Geschwister haben. Würden Sie sagen, dass Sie und Ihr(e) Geschwister sich sehr ähnlich sind? Wahrscheinlich nicht.

Das fanden zumindest Plomin und Daniels (1987) in ihrer Studie heraus. Häufig haben Geschwister – auf persönlicher Ebene – nicht mehr gemein, als zwei nicht miteinander verwandte Fremde. Seltsam, sind doch 50% der Gene identisch … Jedoch haben Geschwister zwar einen gleichen Teil von Genen in sich, aber …

- …eine unterschiedliche Beziehung zu den Eltern,
- …eine unterschiedliche Beziehung zum jeweils anderen Geschwister,
- …unterschiedliche Freunde,
- …ebenso unterschiedliche Erfahrungen in Kindergarten, Schule und Beruf … und so weiter und so fort.

Sie können sich vorstellen, dass all diese Unterschiede in den Erfahrungen addiert eine extrem unterschiedliche Umwelt von der des Geschwisterchens schaffen kann. Das bedeutet, dass wir uns als Eltern zwar *vornehmen* können, aus den Erziehungs-„Fehlern" mit dem einen Kind zu lernen und es beim anderen „richtig" zu machen. Voraussichtlich können wir uns aber nicht auf unsere Lernerfahrung verlassen, sondern es bleibt dabei: Jedes Kind ist anders und benötigt demnach eine andere Erziehungsstrategie.

Das ist zwar anstrengender für Eltern und führt zu zusätzlicher Belastung, es ist gleichzeitig aber vielfältiger bezüglich der Stärken und Fähigkeiten der Kinder. Deshalb ein Angebot von meiner Seite, das für Entspannung sorgen könnte: Wundern Sie sich und betrachten Sie staunend, welche Begabungen in Ihren Knirpsen stecken, wie sie so verschieden sein können und wie sie auf solch unterschiedliche Weisen ihre Stärken einsetzen.

Eines ist klar: Die Positive Psychologie und ihre vielfältigen Mittel und Wege, mehr Wohlbefinden zu schaffen, sind immer einen Blick wert! Welches Kind dürfte es schon blöd finden, wenn Eltern dessen Stärken förderten oder dem Kind Flow-Erlebnisse verschafften …?!

3.4 Harte verbale Disziplin ist abträglich – positiv und verbindlich

In seinem Buch „Flourish" (2011) stellt Mitgründer und großer Antreiber der Positiven Psychologie Martin Seligman ein wichtiges Werkzeug vor, um Wohlbefinden über Kommunikation zu verbessern: „Aktiv konstruktiv" nennen Gable und Kollegen die hilfreiche Reaktion auf positive Nachrichten vom Gegenüber. Nicht nur Interesse, sondern verstärkt Wertschätzung und Anerkennung werden über diese Art der Kommunikation schneller verbreitet als über womöglich destruktiv-passive Kommunikation (Gable et al. 2004).

Alle anderen drei Varianten des Reagierens auf gute Neuigkeiten sind kein Mehrwert für die Beziehung der Gesprächspartner, die passiven können diese sogar nachhaltig schädigen. Im Folgenden eine Übersicht der Beispiele der vier Antwortvarianten (Beispiele siehe Abb. 3.1).

Auch Ming-Te Wang (2013) von der University of Pittsburgh schreibt von einer ähnlichen Erkenntnis: Gut 90 % der Amerikaner geben zu, vorangehend mindestens einmal Gebrauch von harten Worten in der Erziehung gemacht zu haben. Und das ging über das Nennen des vollständigen Vornamens heraus, der zumindest bei mir zu Hause für mich als Vorwarnung galt, von den Eltern „erwischt worden" zu sein („Michael, kommst du bitte jetzt runter!"). Selbst wenn die amerikanischen Zahlen nicht exakt den der Deutschen entsprechen – wie sehr schauen wir auf unsere Worte, wenn wir mit anderen kommunizieren? Wie häufig ist uns wirklich bewusst, auf welche Art und Weise wir Inhalte vermitteln, ganz zu schweigen vom Ton?

Laut der Ergebnisse Wangs unterstützte harte, verbale Disziplinierung die Jugendlichen nicht, sondern verschärfte die zugrunde liegenden Probleme nur weiter. Auch eine enge Bindung der Kinder zu ihren Eltern änderte daran nichts.

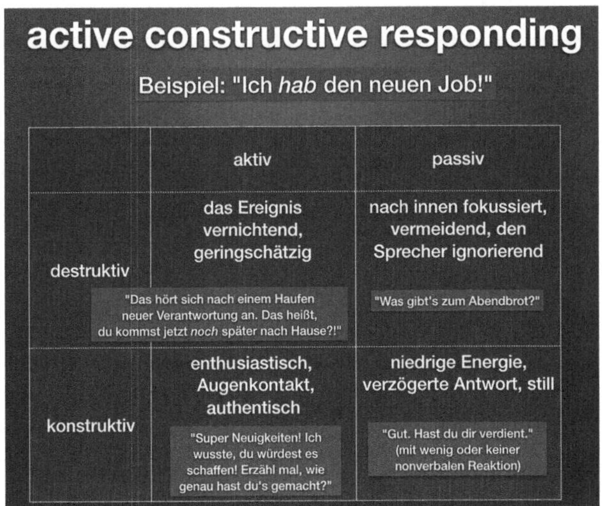

Abb. 3.1 Beispiele für verschiedene Varianten des Antwortens auf ein positives Ereignis

In seiner Studie mit fast 1000 amerikanischen Familien konnte er zeigen, dass die harte Art der Kommunikation der Eltern bei 13-Jährigen im darauffolgenden Jahr sogar noch schlimmeres Verhalten voraussagte (Wang et al. 2013).

Was können Sie stattdessen tun? Zum Beispiel die Stärken Ihrer Kinder ansprechen – durch Ihr eigenes Verhalten (beispielsweise durch das Schaffen von fördernden Situationen) aber auch verbal (z. B. durch das Ansprechen der von Ihnen in den Kindern erkannten Stärken). Für Kinder ist es hilfreich, sowohl eine positive als auch verbindliche Art der Eltern wahrzunehmen – ebenfalls nicht einfach, wenn wir den obigen Punkt der Unterschiedlichkeit der Kinder in Betrachtung ziehen. Wenn jedes Kind anders ist, sollte man auch seine Verhaltensweisen dementsprechend anpassen.

Eine positive und verbindlich konsequente Art der Erziehung bedient aber auch bei starker Verschiedenheit der Kinder zwei entscheidende Ziele beim Großziehen: a) dem Kind das Gefühl zu vermitteln, geliebt zu werden, und b) ihm einen sicheren Raum zu bieten, in dem jemand anderes die Führung übernimmt, aber gleichzeitig viel sorgenfreien Platz zum Wachsen schafft.

3.5 Fernsehen macht blöd

Ganz so dramatisch und unkonkret haben Pagani und Kollegen (2013) ihre Erkenntnisse für die Veröffentlichung ihrer Studie dann doch nicht formuliert, aber die Konsequenz könnte genau diese Aussage sein, womit weder die Kinder selbst noch deren Eltern glücklicher sein dürften.

Pagani begleitete bei fast 2000 kanadischen Kindern ab der Geburt die Gewohnheit des Fernsehens und fand heraus, dass für 2,5-Jährige eine Extra-Stunde vor der Flimmerkiste signifikant schlechtere Leistungen im Kindergarten hervorsagte, und zwar bezogen auf Vokabular, Mathematik- und motorische Fähigkeiten (Pagani et al. 2013).

Die Leistungen waren zweieinhalb Jahre später bei den jetzt 5-Jährigen zunehmend schlechter mit jeder weiteren Stunde Fernsehen pro Tag.

Aus diesem Grund empfehlen amerikanische Kinderärzte, dass zwei Stunden fernsehen pro Tag das Maximum für über 2-Jährige bleiben sollte. Davor sollten Kinder den Fernseher höchstens bei der gemeinsamen Hausarbeit abstauben…

Jetzt könnte der spitzfindige Leser natürlich auch hier behaupten, dass es noch einen großen Unterschied zwischen kanadischem und deutschem Fernsehverhalten gäbe. Aber auch hierzulande schauen selbst Kinder zwischen drei und 13 Jahren durchschnittlich ca. 1,5 h fern (siehe Abb. 3.2; Statista 2016a).

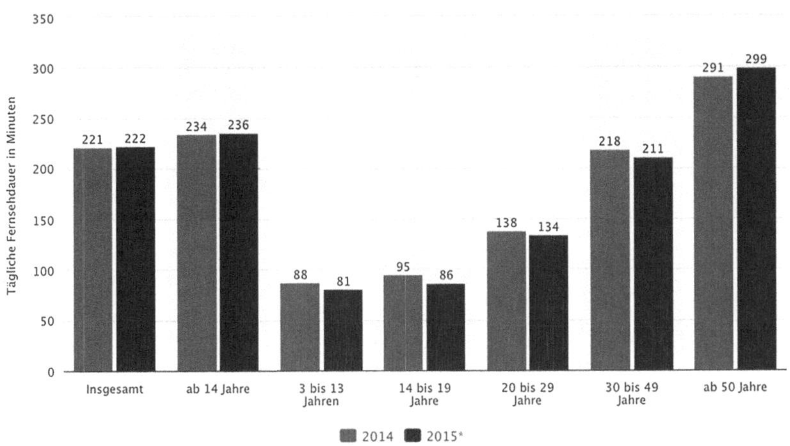

Abb. 3.2 Durchschnittliche tägliche Fernsehdauer in Deutschland nach Altersgruppen in den Jahren 2014 und 2015 (in min)

Fernsehen zählt laut einer Umfrage der BAT Stiftung für Zukunftsfragen (Statista 2016b) immer noch mit sage und schreibe 97 % Nennung zu den beliebtesten Freizeitaktivitäten der Deutschen. Gerade aufgrund dieser Zahlen ist die kritische Frage an jedes Elternteil: *Wie* einfach möchten wir es uns machen, die Kinder „ruhigzustellen"? Gibt es nicht noch einen anderen Weg, einen aktiven Part im Glück des Kindes einzunehmen?

Positive Parenting 4

Während das Elternsein oft – neben all der wunderbaren Momente – auch eine entmutigende Aufgabe sein kann, können die Erkenntnisse der Positiven Psychologie große Unterstützung dabei liefern, durch unwegsames und schwieriges Terrain zu manövrieren. Ob es positive Emotionen sind, die häufig zu positiven Beziehungen führen, ob es motivationale Aspekte sind – es gibt kaum ein Thema, dass *keine* Relevanz für die Entwicklung von Kindern hat.

> Als Kind ist jeder ein Künstler. Die Schwierigkeit liegt darin, als Erwachsener einer zu bleiben (Pablo Picasso).

In Amerika hat sich eine Bewegung entwickelt, die Erfahrungen und Wissen um das Feld der Erziehung im Kontext der Positiven Psychologie sammelt und unter dem Begriff „positive parenting" (positive Erziehung) hilfreiche Ansätze, Ideen und wissenschaftlich belegte Interventionen bereitstellt.

Fragen

Was ist nötig für eine „positive Erziehung", also z. B. für die Stärkung der Beziehung zu Ihrem Kind, die Förderung wünschenswerten Verhaltens, der Vorbeugung von schwierigen Situationen und der ruhigen und positiven Reaktion auf Herausforderungen im Familienalltag?

Dass Eltern für ihre (und auch andere) Kinder eine wichtige Vorbildfunktion innehaben, ist meist ein unbewusstes Wissen. Trotzdem weiß ich (auch aus meinem Coaching-Verständnis heraus), dass der beste Weg, Veränderung herbeizurufen immer noch der ist, bei sich selbst zu beginnen und den fruchtbaren Boden für Veränderung zu schaffen.

© Springer Fachmedien Wiesbaden GmbH 2017
M. Tomoff, *Positive Psychologie in der Erziehung,* essentials,
DOI 10.1007/978-3-658-15914-6_4

Es gibt zahlreiche Dinge, die ein Elternteil bewusst beachten und verändern kann, um gewünschtes Verhalten auch beim Kind wahrscheinlicher zu machen. Insbesondere in kritischen Situationen, in denen Eltern keine Zeit oder Energie für eine wohl überlegte Aktion haben, kommen unbewusste und viel früher erlernte Strategien und Handlungsweisen zum Vorschein. Möglicherweise jene, die wir von unseren eigenen Eltern gelernt haben.

Es ist sicherlich hilfreich, sich mit den eigenen Eltern und deren Art der Erziehung zu versöhnen. Notwendig ist es allerdings nicht. Die Vergangenheit kann nicht mehr verändert werden, die Sicht auf diese aber sehr wohl. Haben Sie Ihren Eltern für möglicherweise nicht optimales Verhalten (z. B. schlagen) vergeben? So kann die „physische Züchtigung" eine offensichtlich schlechte Strategie Ihrer Eltern gewesen sein, aus Ihnen ein anderes kindliches Verhalten zu locken und das elterliche Bedürfnis nach Sicherheit oder Disziplin zu bedienen. „Schlechte" Strategien können so möglicherweise von Ihren Eltern erklärt werden und „Sinn ergeben", wenn Sie an die damalige Zeit zurückdenken. Das macht die Strategien nicht besser, den Hintergrund aber eventuell nachvollziehbarer.

Auch der Hang vieler Eltern aus früheren Generationen, indirekt die Erfolge ihrer Kinder zu leben, ist eine Verhaltensweise, gegen die man sich bewusst entscheiden kann. Viele Eltern tun dies glücklicherweise bereits. So zeigt beispielsweise eine Studie, die die Befragung von Menschen aus 50 Ländern als Basis hat, dass die Top-Priorität von Eltern bei der Erziehung nicht mehr das Erreichen von Erfolgen und Errungenschaften, Preisen oder tollen Noten ihrer Kinder ist, sondern, dass diese freundliche, mitfühlende und hilfsbereite Menschen werden beziehungsweise bleiben (Suizzo 2007).

Egal, ob Sie „gute" oder „schlechte" Vorbilder für Ihre jetzige Aufgabe als Erzieher hatten – es kommt vornehmlich auf Ihre Deutung und den Wunsch an, es besser zu machen und Ihre Kinder mit anderen, zeitgemäßeren und hilfreicheren Strategien zu unterstützen. Und hier gibt es zahlreiche Ansatzpunkte für dieses „Besser", wenn Sie es mit fundiertem Wissen aus der positiven Psychologie anreichern möchten.

Die Psychologen Kirk Brown und Richard Ryan (2004) zeigen in ihren Studien zur Theorie der **Selbstbestimmung,** dass sich das soziale Verhalten von Kindern während ihres Wachstums auf natürliche Weise selbstständig reguliert. Das geschieht z.B. durch selbstbestimmtes, spielerisches Verhalten, das sich durchschnittlich nach 20–30 min bei Kindern einstellt. **Autonomie** ist nicht nur ein natürlich auftretender Teil des Wachsens, sondern auch ein Zeichen von gesunder Entwicklung.

Nutzen Eltern bevorzugt einen kontrollierenden gegenüber einem Autonomie fördernden Erziehungsstil, sind Kinder seltener intrinsisch am für die Entwicklung so wichtigen Spiel interessiert. Schließlich kann das Fehlen der Befriedigung der Grundbedürfnisse eines Kindes durch einen emotional kalten, kontrollierenden Stil dazu führen, dass Kinder auf extrinsische Bedürfnisalternativen (wie z. B. Reichtum) fokussieren.

In Studien über die Fähigkeiten von Kindern, in der Schule ihr eigenes Verhalten zu kontrollieren und zu managen, zeigten Brown und Ryan, dass **Autonomie** und die Fähigkeit der **Selbstregulation** oft in Zusammenhang mit größerer **Freude** standen, was wiederum eine große Hilfe beim Zurechtkommen mit schulischem **Stress** darstellte – alles Komponenten einer gesunden Unabhängigkeit.

Auch das **Vertrauen in die eigenen Stärken** ist dem Wohlbefinden sehr zuträglich. Nicht nur Kinder sind glücklicher, produktiver und kreativer, wenn sie ihre persönlichen Stärken einsetzen können. In der Positiven Psychologie nennt man diese Stärken „Signatur-Stärken", also jene Stärken, die einem Menschen dazu verhelfen, zu florieren. Der VIA-Fragebogen von Peterson und Seligman (2004) ist mit mehreren Millionen von Teilnehmern validiert und bietet auch eine Version für Kinder, die im Internet frei erhältlich ist[1].

4.1   Richtig loben

Bezüglich des Wunsches vieler Eltern, ihre Kinder „moralisch gut" zu erziehen und ihnen eben genannte Eigenschaften mitzugeben, die sie freundlicher, mitfühlender und hilfsbereiter machen, gibt es weitere interessante Informationen aus der Wissenschaft: Im Alter von zwei Jahre erfahren Kinder einige moralische Emotionen – Gefühle, die ausgelöst werden von „richtig" oder „falsch". Um fürsorgliches Verhalten zu fördern und zu verstärken, geben uns Erkenntnisse aus der Positiven Psychologie einen Hinweis: Lob ist effektiver als Belohnung (kritisch betrachtet ist Lob natürlich auch eine Art der Belohnung, wobei die Autoren der nächsten Studie differenzierter an die Sache herangehen).

Belohnungen bergen das Risiko in sich, Kinder (schon ab 20 Monaten!) verstärkt fürsorglich sein zu lassen, wenn die (extrinsische) Karotte tief genug hängt, wohingegen lobende Kommunikation diese Fürsorge auch ohne materielle Hilfsmittel stärkt und gleichzeitig vermittelt, dass zum Beispiel teilen intrinsisch wertvoll ist (Rakoczy et al. 2008).

4.1.1   Lob in einem fixierten oder wachstumsorientierten Rahmen

Fragen

Welche Art von Lob sollten Kinder bekommen, wenn sie frühe Anzeichen von Großzügigkeit zeigen?

---

[1]In der deutschen Fassung z. B. unter http://www.charakterstaerken.org der Universität Zürich.

Eine wichtige Information für den Stärkenbereich und generell für das Umgehen mit Erfolgen kommt von Carol Dweck (2006). Gemeinsam mit ihrem Team führte sie ein Experiment durch, in welchem Kinder einen Test absolvierten und danach mit einer Zeile Lob bedacht wurden. Und zwar waren es die zwei Varianten

- „Das hast Du richtig gut gemacht; Du musst sehr schlau sein" (fixed mindset; fixierte Denkweise),
- „Das hast Du richtig gut gemacht; Du musst Dich wirklich angestrengt haben" (growth mindset; wachstumsorientierte Haltung).

Nach einem ersten Puzzle boten die Wissenschaftler den Kindern entweder ein schwierigeres an, von dem die Kinder lernen konnten oder ein einfacheres als das vorherige, bereits gelöste.

Die Mehrheit der Kinder, die für ihre Intelligenz gelobt worden waren, wollte ein einfacheres Puzzle – sie wollten das Risiko vermeiden, einen Fehler zu begehen, der sie den Status „schlau" kosten könnte. Auf der anderen Seite standen 90 % der mit harter Anstrengung gelobten Kinder, die ein schwierigeres Puzzle lösen wollten.

Warum?

Carol Dweck erklärt es wie folgt: „Wenn wir Kinder für ihre Mühe und harte Arbeit loben, die zu Erfolgen führten, möchten sie sich weiter in diesem Prozess engagieren. Sie werden scheinbar nicht durch die Sorge um den eigenen Intelligenzstatus von der Möglichkeit abgelenkt, etwas zu lernen." Zwar ging es in Dwecks Studie nicht primär um Charakter und dessen Formung, sondern um Glaubenssätze zu Intelligenz, trotzdem verraten uns ihre Ergebnisse einiges über die Möglichkeiten des Lobens.

Es scheint nach Dwecks Erkenntnissen wichtig, das Verhalten zu loben, nicht das Kind. Auf diese Weise lernt das Kind, jenes gewünschte Verhalten zu wiederholen (klassische Konditionierung). „Das war so hilfreich, was Du da gemacht hast!" ginge also vor „Du bist so ein hilfsbereites Kind".

4.1.2 Lob über den Charakter

Ein cleveres Experiment von Joan Grusec und Erica Redler zeigt aber Gegenteiliges (Grusec und Redler 1980): Sie wollten herausfinden, was passiert, wenn man großzügiges Verhalten gegenüber einem großzügigen Charakter lobt. Dazu untersuchten sie 256 7- bis 10-Jährige, die angehalten wurden, etwas von ihren Gewinnen aus einem Spiel an arme Kindern zu spenden.

Nachdem eine Teilgruppe von 7- und 8-Jährigen Murmeln gewonnen und diese an eben jene armen Kinder gaben, sagten die Wissenschaftler zu den Kindern: „Wow, da hast Du ja eine ganze Menge geteilt". Einige Kinder bekamen **Lob für die Tat:** „Es war gut, dass Du einige Deiner Murmeln diesen armen Kindern geschenkt hast. Ja, das war wirklich eine nette und hilfreiche Sache." Andere wurden **charakterlich gelobt:** „Ich nehme an, Du bist die Art von Person, die es mag, anderen zu helfen, wann immer sie kann. Ja, Du bist eine sehr nette und hilfreiche Person."

Einige Wochen später hatten die Kinder wieder die Möglichkeit, zu geben und zu teilen. Jene Kinder, deren Charakter gelobt worden war, stellten sich als weitaus freigiebiger heraus als die Kinder, deren Taten als lobenswert betrachtet worden waren. Lob über die eigene Person bekommen zu haben, half den Kindern, das Getane als Teil ihrer Identität aufzunehmen und innerlich zu festigen. Diese Kinder lernten über sich und ihre Identität, indem sie ihre Taten beobachteten („ich bin eine hilfsbereite Person").

Auch Christopher Bryan schließt sich dieser Meinung an und spezifiziert sie sogar noch mit für Eltern hilfreichem Kommunikationswerkzeug: **Beim Loben funktionieren Nomen besser als Verben.** Es funktionierte bis zu 29 % besser, 3- bis 6-Jährige für ihre Unterstützung bei einer Aufgabe zu motivieren, indem man sie bat, „ein Helfer" zu sein anstatt „zu helfen". Die Tendenz zu mogeln, wurde halbiert, wenn man anstatt „bitte betrüge nicht" das effektivere „bitte sei kein Betrüger" anwendete (Bryan et al. 2013).

Auch hier ist der Effekt ein ähnlicher wie vorher beschrieben: Wir lernen nachhaltiger und zielgerichteter in Bezug auf Moral und großzügige Wahlmöglichkeiten, wenn unsere Taten eine Reflexion unseres Charakters sind und eben nicht nur Taten. Warum ist das so?

Stellen Sie sich vor, jemand, den Sie nie getroffen haben und bei dem Sie keinen Grund sehen, überhaupt etwas auf seine Meinung zu geben, bittet Sie darum, nicht zu betrügen. Und nun stellen Sie sich vor, dieses Betrügen sagt etwas über Sie als Menschen aus.

Letzteres führt bei den meisten Menschen zu einem vollkommen anderen Verhalten. Und das ist sehr faszinierend, denn wenn Sie bedenken, mit welch niedrigen Kosten diese Verhaltensänderung herbeigeführt wurde (Nutzung eines Nomens anstatt eines Verbs), sind die Möglichkeiten nicht nur bei der Kindererziehung vielfältig. Auch gesellschaftlich gesehen braucht es vielleicht nur kleine Veränderungen im Gebrauch der Befehle oder Bitten, um große Wirkung zu erlangen (z. B. „Bitte halten Sie die Umwelt sauber" gegenüber „Bitte seien Sie kein Schmutzfink" oder im Englischen „Don't drink and drive" gegenüber „Don't be a drunk driver").

> Das Bewusstsein dieses Ergebnisses verspricht eine gute Möglichkeit zu sein, die Effektivität zu steigern, mit der pro-soziales Verhalten erbeten oder hervorgerufen werden kann. Und das zu geringen Kosten.

4.1.3   Lob zur Identitätsfindung und -entwicklung

Nach Jean Piaget, einem der Pioniere der kognitiven Entwicklungspsychologie, entsteht Identität durch das ständige Streben nach Gleichgewicht und die Auflösung dieses Ungleichgewichts (danach strebt jede Art von System, auch das „System Mensch"). Enorm wirkungsvoll scheint Lob in jenen kritischen Phasen der Kindesentwicklung zu sein, in denen Kinder einen starken Drang zeigen, ihre Identität auszuprägen und weiterzuentwickeln.

Als Grusec und Redler 5-Jährigen Charakterlob entgegenbrachten, verschwanden alle Vorteile dieser Art des Lobs schon bald wieder. Möglicherweise waren die Kinder noch zu jung, um ihrer Identität das moralisch Gute einzuverleiben und zu einem stabilen Teil ihres Selbst zu machen. Weiterhin verschwanden die Unterschiede der zwei Arten des Lobs (Lob für die Tat und Lob für den Charakter), die noch bei 7- bis 8-Jährigen zu erkennen gewesen waren – anstelle dessen waren sie *beide effektiv*.

Fazit: Großzügigkeit an den Charakter eines Kindes zu binden, scheint am meisten Effekt zu zeigen, wenn die Kinder um die acht Jahre alt sind.

Forschungsergebnisse aus der Positiven Psychologie zeigen also, dass ein achtsamer Umgang bezüglich positiver Eigenschaften und deren Förderung bei Kindern einen nachhaltigen Effekt haben kann[2]. Doch ... wie lange hält dieser Effekt an?

4.2   Werden glückliche Kinder zu glücklichen Erwachsenen?

Es ist wenig über die langfristigen Folgen des positiven Wohlbefindens in der Kindheit bekannt.

---

[2]Wenn Sie Erkenntnisse aus der Positiven Psychologie auch für Reaktionen auf „böses Verhalten" nutzen möchten, finden Sie dazu ein schönes Kapitel in *Positive Psychologie – Erfolgsgarant oder Schönmalerei* (Tomoff 2017).

Fragen

Bringen die Bemühungen der Eltern überhaupt etwas? Sind in der Kindheit glückliche Kinder auch als Erwachsene glücklicher? Und wie kann man das überhaupt messen?

Marcus Richards und Felicia Huppert nahmen sich der Frage an, ob „positive Kinder zu positiven Erwachsenen werden" (Richards und Huppert 2011). Sie nutzten einen britischen Gesundheitsreport, um Verbindungen zwischen dem positiven Wohlbefinden Jugendlicher und ihrem sozialen Funktionieren im späteren Leben aufzuspüren. Dabei schauten sie sich das Temperament und Verhalten der Jugendlichen im Alter von 13 bis 15 Jahren an, die zudem von Lehrern zu einer Reihe von Kriterien bewertet wurden und selbst einen Test absolvierten.

Die Kriterien der Lehrerbewertungen bezogen sich meist auf die Ab- oder Anwesenheit von Verhalten und emotionalen Probleme, doch vier der Fragen erlauben eine positive Bewertungen:

1. ‚sehr beliebt bei den anderen Kindern‘,
2. ‚ungewöhnlich glücklich und zufrieden‘,
3. ‚gewinnt extrem leicht Freunde‘ und
4. ‚extrem energisch, nie müde‘.

Ein glückliches Kind zu sein – definiert durch mindestens zwei aus vier positiven Rückmeldungen der oben genannten Lehrer-Ratings – stand in einem positiven Zusammenhang mit hohem späteren Wohlbefinden, spezifisch mit einer geringen Wahrscheinlichkeit für lebenslange emotionale Probleme, eine hohe Kontaktfrequenz zu Freunden oder Verwandten zu pflegen, Engagement bei sozialen Aktivitäten zu zeigen und auch das Gefühl zu haben, über die eigenen Arbeitsleistungen zufrieden sein zu können.

Fazit: Als glücklich bewertete Kinder hatten auch als Erwachsene langfristig viele Vorteile, was ihr Wohlbefinden anging. Die Ergebnisse von Richards und Huppert unterstützen auch die These, dass positives Wohlbefinden einen einzigartigen Einfluss auf diese Ergebnisse hat und nicht bloß die Folge der Abwesenheit von psychischen Erkrankungen darstellt.

Durch das „richtige" Lob (im Sinne von hilfreich bei der Ausprägung derzeit erwünschter Verhaltensweisen) können Eltern schon viel für dieses Wohlbefinden in ihren Kindern tun. Eltern sollten aber auch darüber informiert sein, dass ihr emotionaler Support gegenüber ihren Kindern einen extrem großen Einfluss auf deren späteres Wohlbefinden hat. Indem Eltern Fürsorge, Wärme und Akzeptanz für ihre Kinder ausdrücken, schaffen sie für ihren Nachwuchs eine gesunde Basis, später gegenüber sie z. B. mobbenden Kindern wesentlich resistenter zu sein als Kinder von Eltern, die wenig Unterstützung geben (Hoy et al. 2012).

Aber auch für die entgegengesetzte Wirkrichtung stehen einige Studien mit positiven Ergebnissen zur Verfügung: Sind die Kids glücklich und zufrieden, strahlt das auch immer zurück auf die Eltern.

4.3   Die Rolle des Vorbilds

So mächtig der vermeintlich gute Einfluss auf Kinder auch sein mag – ein Kind zu einem großzügigen und hilfsbereiten Menschen aufwachsen zu lassen, fordert mehr als nur auf günstige Gelegenheiten zu warten. Zudem haben möglicherweise viele Eltern gar nicht den Wunsch, aktiv „zu manipulieren", sondern ihren Kindern größtmögliche Freiheit zu verschaffen. Letztlich bleibt oft auch für Eltern nur die schmerzhafte, aber mit einem Augenzwinkern versehene Erkenntnis, dass man seine Kinder noch so gut erziehen kann – sie machen einem doch alles nach …

Wie sieht es denn bei Ihnen mit dem Vorleben von Werten und Eigenschaften aus? Und diese ein wenig stichelnde Frage beabsichtigt durchaus, über das Ziel der Kinder hinaus zu denken. Als Eltern und Mitmenschen möchten wir möglicherweise unsere Werte aktiv an andere weitergeben. Doch viele von uns haben dabei wenig hilfreiche Ansätze.

In einem mittlerweile klassischen Experiment gab der Psychologe Philippe Rushton 140 7- bis 11-jährigen Schulkindern – ähnlich wie zuvor Joan Grusec und Erica Redler – kleine Gewinne in Form von Jetons nach dem Gewinn eines Spiels (Rushton 1975). Diese Chips konnten sie für sich behalten oder einige an arme Kinder spenden. Rushton ließ seine Kinder aber vorher einer als Lehrer fungierenden Person dabei zusehen, wie sie das Spiel auf egoistische oder großzügige Weise spielte und den Kindern danach das Nehmen, Geben oder keines von beidem preiste.

Der Einfluss des Erwachsenen war signifikant.

Taten sprachen dabei deutlicher als Worte. Wenn der Erwachsene sich egoistisch verhielt, taten es ihm die Kinder gleich und gaben weniger Jetons ab, nachdem sie die egoistische Vorgehensweise des Erwachsenen beobachtet hatten – *unabhängig davon,* ob der Erwachsene verbal den Egoismus oder die Großzügigkeit anpries. Verhielten sich der Erwachsene großzügig, gaben die Schüler genauso viel ab. Egal, ob großzügiges Verhalten vorher befürwortet worden war oder nicht, die Kinder spendeten 85 % mehr als die Vergleichsgruppe dies in beiden Fällen tat. Predigte der Erwachsene Eigennutz – sogar nachdem er sich großzügig verhalten hatte – gaben die Schüler immer noch 49 % mehr als die Vergleichsgruppe.

Auch acht Wochen später hielten diese Effekte noch an. Die großzügigsten Kinder waren jene, welche ihr Vorbild großzügig erlebt hatten, aber nichts darüber haben sagen hören. Diese Kinder gaben sogar noch 31 % mehr von ihren Chips ab als jene Kinder, die die Vorbildperson großzügig gesehen, aber auch darum haben bitten hören.

Die Vorbildfunktion ist eine extrem wichtige und wird von Kindern sehr bewusst wahrgenommen. Kinder lernen Großzügigkeit von ihren Vorbildern nicht durch das Erzählen darüber. Sie lernen großzügiges Verhalten, indem sie die Vorbilder dabei *beobachten können*.

Nach diesen Erkenntnissen, liebe Eltern oder Erzieher, sollte auch das flaue Gefühl im Magen verschwinden, ob man hilfreich in der Erziehung unterwegs ist oder nicht. Selbst Gutes zu tun wird auch bei den Kindern mit hoher Wahrscheinlichkeit solch ein Verhalten zur Folge haben. Nicht nur Taten sind also vom Charakter eines Menschen abhängig – auch der Charakter wird durch die Taten geformt.

Genetische Zwillingsstudien legen übrigens nahe, dass nur ungefähr ein Drittel bis etwa die Hälfte unserer Freigiebigkeit und Fürsorge vererbt wird. Das lässt viel Raum für Erziehung und birgt enorm viel Potenzial zur Verhaltensänderung und Vorbildfunktion für viele von uns. Insbesondere beim Vorleben unserer Werte kann der eine oder andere sich noch mal an die eigene Nase fassen (der Autor nimmt sich hier übrigens nicht aus …). Ein herzerfrischendes und sehr lesenswertes Buch voller Tipps über das Geben und das Vorleben von positiven Werten ist das Werk „Geben und Nehmen" von Adam Grant (Grant 2016).

Unterstützung in der Schule: Fragen, Fehlerkultur und Fatales 5

> Zum Schluss möchte ich mit Ihnen noch einen Blick den Schulkontext werfen. Jene Umgebung, die Ihre Kinder zu großen Teilen mitentwickelt und für Sie weniger Spielraum und Einflussmöglichkeiten bietet, als das die heimische Umgebung möglicherweise bietet. Doch auch für diesen Kontext bestehen nicht nur Wünsche, sondern auch Wege. Daher richtet sich dieses Kapitel vornehmlich an die Erzieher, die sozusagen unter das Dach der „Fremdbetreuung" fallen.

Die meisten Eltern wollen „nur", dass ihre Kinder glücklich werden – oder zumindest glücklicher als sie selbst. Wenn Schule und Bildung dafür hilfreiche Teile sind, na dann bitte, her damit. Trotzdem ist eines seltsam: Der durchschnittliche Däne, Italiener oder Mexikaner ist etwas zufriedener mit dem Leben als vor 50 Jahren. Der durchschnittliche Amerikaner, Japaner oder Australier ist nicht zufriedener mit seinem Leben als er das vor 50 Jahren war. Schlimmer noch: Trotz der immer besser werdenden Umstände und Umweltbedingungen ist der durchschnittliche Brite oder Deutsche sogar *weniger zufrieden* mit seinem Leben als vor 50 Jahren (Inglehart et al. 2008). Fragt man sich, ob die Fähigkeiten und Voraussetzungen für ein glückliche(re)s Leben an Schulen und Universitäten gelehrt werden sollten, sind Zahlen für Depressionen oder dauerhafte Angstzustände im Schulalter ein ernst zu nehmender Index.

Was für Eltern im Privaten die Erziehung ist, wird im schulischen- oder Ausbildungskontext Lehre und Lernen betitelt. Ob man es nun pädagogische (Früh-) Erziehung, Seminar, Workshop oder Ausbildung nennen mag – allen Kontexten ist überwiegend gemein, dass eine Seite lehrt während die andere dem Lernen zugewandt ist bzw. sein sollte. Im Optimalfall ist es ein beidseitiger Prozess und über diesen gibt es auch durch die Positive Psychologie schon faszinierende und sehr

© Springer Fachmedien Wiesbaden GmbH 2017
M. Tomoff, *Positive Psychologie in der Erziehung*, essentials,
DOI 10.1007/978-3-658-15914-6_5

nützliche Studienergebnisse. Einige davon möchte ich Ihnen im Folgenden vorstellen und Sie dadurch zum Nachdenken, Nachmachen oder Inspirieren einladen. Richtig angewandt kann das in ihnen enthaltene Wissen dazu beitragen, dass das Bildungssystem (und damit meine ich ebenfalls die Bildungslandschaft *nach* der Schule oder Universität) weniger schlechte Erfahrungen oder gar Narben hinterlässt, sondern noch mehr schöne Erinnerungen und wechselseitiges Lernen.

Können wir uns überhaupt eine andere Schule vorstellen? Eine Schule, in der Beziehung vor Vereinzelung steht, in der eine wertschätzende Haltung den gleichen Stellenwert hat wie die Vermittlung von Stoff und die Erziehung zu einem kritischen Geist und in der wir das Menschenbild, das wir in uns tragen, auch mit unseren Kindern leben? Eine Schule, in der es selbstverständlich ist, sich eine Zukunft selbst zu gestalten? (Rasfeld und Breidenbach 2014, S. 11)

Fragen

Welche Fragen können sich Lehrende stellen, die zur Nutzung von Positiver Psychologie im Lernkontext führen?

Viele Schulen und Universitäten haben sich bereits auf den Weg gemacht und integrieren Glück und Wohlbefinden in ihr Curriculum. Es gibt viele Fragen, wenn es um Bildung geht:

- Wie kann man Kindern beibringen, in der Schule aufzublühen?
- Wie können sie ihre Stärken für das Erreichen ihrer Ziele nutzen?
- Wie kann man ihre Positivität sicherstellen oder sogar fördern?
- Wie kann man Autonomie und Wahlfreiheit vergrößern und gleichzeitig Chaos oder das Sich-Drücken vor dem Lernen verhindern?
- Wie kann man den Kindern beibringen, aktiv zu wachsen und für ihr Leben Verantwortung zu übernehmen?
- Welche Charakterstärken haben sich in der Positiven Psychologie als wichtig für Lernen und Lehren erwiesen?
- Wie kann ich Lehre als „Lehrender" im Hinblick auf Motivation positiv gestalten?

Diese Fragen für sich oder das Curriculum zu beantworten, soll nicht Fokus dieses Abschnittes sein. Es könnte oder sollte aber vielleicht sogar das Ziel von verantwortungsvollen und leidenschaftlichen Lehrenden sein.

Der Umgang mit Komplexität in allen Lebensbereichen scheint die Herausforderung der Zukunft zu sein. Dessen ungeachtet verbleiben die Strukturen und Prozesse vieler Schulen und anderer Lernorte bei einem alten, früher einmal sinnvollen Ziel und Leitgedanken: der optimalen Wissensvermittlung. Statt aber den Anteil der Vermittlung von ohnehin schnell über zahlreiche andere Kanäle verfügbaren Wissens zu verringern, finden sich überforderte Kollegen bei überladenen Lehrplänen wider, deren vollständige Abarbeitung für Transferlernen und echtes Verständnis des angebotenen Wissens kaum noch Zeit lässt.

Unterdessen werden einseitig kognitive Fähigkeiten gefördert, Fächer zusammenhanglos aneinandergereiht und mit kurzer Taktung durch den häufig für Schüler und Lehrer erleichternden Gong begrenzt – nur um sich danach so schnell es geht einer neuen Klasse, einer neuen Dozentin, einem neuen Inhalt zu widmen, von denen Kinder nicht einmal wissen oder ahnen, ob und wie davon im Verlauf des Lebens noch einmal profitiert werden kann. Hauptsache, die nächste Wissensabfrage wird bestanden.

Somit wird die Glocke zur sinnbildlichen Feierabendsirene, bei der der auch noch so interessante Inhalt fallen gelassen wird. Erinnert Sie das eventuell an die guten alten Fabrikzeiten?

Fragen

Was ist das Fatale an dem heutigen System vieler Lernstätten? Und was hat „Fehlerkultur" damit zu tun?

Schauen wir uns den Kontext „Gesellschaft" an, in dem wir leben und zu dem wir beitragen (können). Es wird schnell sichtbar, dass für jegliche Kreativität und Innovation auch eine gewisse Portion Autonomie, eigenständiges Denken, Urteilsvermögen, Persönlichkeitsstärke und auch Mut nötig sind. Doch die momentanen Rahmenbedingungen bieten die Entwicklung solcher Fähigkeiten und Eigenschaften nur sehr selten an. Einer der wesentlichen Gründe ist aus meiner Sicht die Vermeidung oder sogar unbewusste Verhinderung von Lernmöglichkeiten zu diesen Fähigkeiten. Denn Autonomie entsteht durch Freiraum zur Selbstständigkeit, eigenständiges Denken braucht nicht vorgegebene Lösungen und Wege, Urteilsvermögen benötigt Hintergrundwissen und eventuell sogar moralische und ethische Auseinandersetzung mit Urteilen. Persönlichkeitsstärke entwickelt sich durch die Freiheit und das Feedback, anders und trotzdem ok sein zu können, ja sogar durch dieses Verschiedensein einen Mehrwert für andere zu schaffen. Und Mut erhöht sich letztlich nicht dadurch, dass Fehler rot angestrichen und bestraft werden, sondern dass Fehler als wichtige Lernquellen erkannt und genutzt, ja geschätzt werden.

Insbesondere die Vermeidung von Fehlern prägt sich schnell ein, schürt die Angst vor neuen Fehlern, „Scheitern" und den damit verbundenen schlechten Bewertungen und Beurteilungen. Das formt das Verhalten von morgen. Dies wissen auch viele Unternehmen, denn wenn es um kreative Prozesse geht, braucht sich eine große Zahl an extrem innovativen Firmen nicht mehr die Frage stellen, wie viele Erfindungen allein aus Fehlern oder Missverständnissen entstanden, die vorher als halbe Katastrophen galten und letztlich den Durchbruch ermöglichten.

> Es ist wertvoll und unumgänglich, im Laufe unserer Entwicklung den Unterschied zwischen richtig und falsch kennenzulernen – in den Situationen, in denen diese Schwarz-Weiß-Betrachtung anwendbar ist. Genauso, die Konsequenzen einer Fehlentscheidung, eines Fehlers wahrzunehmen – und daraus zu lernen (Seite 41, Rasfeld und Breidenbach 2014).

Schulen und ähnliche Ausbildungsstätten haben – wie man anhand der Fragen zu Beginn des Kapitels erkennen mag – einen größeren Sinn und Nutzen als nur die Vermittlung von Wissen, das zur vermeintlichen Vorbereitung auf einen Job dient. Bildungsträger haben meiner Meinung nach einen Lehrauftrag, der zur Mündigkeit verhelfen soll, der die Lehrstätten als Orte der Potenzialentfaltung betrachtet, als gemeinschaftliche Stätte von Lehrenden und Lernenden, die – unabhängig von ihrer Stellung – immer wieder die Perspektive und Rolle tauschen und voneinander lernen.

So sollte es keinen Unterschied machen, ob ein 16-jähriger Schüler bei einer 59-jährigen Lehrerin „zur Schule" geht und für welchen Bildung im besten Fall ein Schlüsselelement zur Bewältigung zukünftiger Herausforderungen darstellt oder ob es andersherum ist und diese Lehrerin sich durch den Schüler auf den neusten Stand bringen lässt, was Technik, Einstellungen, jugendliche Kulturbildung oder Konfliktbewältigung angeht. Lebenslanges Lernen ist dann weitaus mehr als nur die Anpassung an sich verändernde Umstände. Sie ist – wie es die Positive Psychologie auch fördert – die Entwicklung des schöpferischen Potenzials des gesamten Charakters. Dann beeinflusst sie maßgeblich, wie gut Kinder und Jugendliche mit immer komplexer werdenden Situationen zurechtkommen, wirtschaftliche Innovationen erfinden, sozial und ökologisch handeln und welche Sichtweise sie auf die Welt haben. Bildung ist Prägung von Haltung und – wir wissen um ihre Wichtigkeit – auch das Herausbilden einer Vorbildrolle.

All das ist abhängig von der Lernfähigkeit der Person, aber auch des Unternehmens, des Landes, des Systems „Mensch".

Es gibt mittlerweile eine erstaunliche Anzahl an Forschungsarbeiten über die Frage, ob und inwiefern Positive Psychologie Schülern und Studenten dabei helfen kann, ihr Wohlbefinden zu steigern *und* ihre Leistung zu erhöhen. Die Positive Psychologie ins Curriculum von Schulen und Universitäten aufzunehmen, resultierte tatsächlich genau darin: Bei 347 Studenten wurden dadurch bessere Leistungen und soziale Fähigkeiten als Folge gefunden (Seligman et. al 2009).

> Ein Lehrplan, der das Wohlbefinden enthält, wird idealerweise Depression verhindern, Lebenszufriedenheit erhöhen, soziale Verantwortung anregen, Kreativität fördern, das Lernen begünstigen und sogar die akademischen Leistungen steigern (Seite 118, Waters 2014).

Nicht nur Lea Waters hat sich Gedanken darüber gemacht, wie man den Lehrplan ausbalancieren und das Wohlbefinden als fest integrierten Bestandteil von Schulen einbringen kann. Auch eine Studie von Furlong und Kollegen schlägt vor, dass Fähigkeiten wie **Resilienz** und bereits angesprochene förderliche Dinge wie starke zwischenmenschliche Beziehungen aufgebaut und das Hauptanliegen effektiver Schulen darstellen können (Furlong et al. 2009). Resilienz und die **Nutzung von Stärken** erhöhen zum Beispiel die Fähigkeit des Problemlösens, Autonomie, soziale Kompetenzen, ein Gefühl für das Sinnvolle und die Zukunft und sind somit allesamt lohnenswerte Ziele.

Weiterhin ist die Art des Lernens ein Ansatzpunkt, bei dem die Positive Psychologie Unterstützung bieten kann: durch **mehr Spaß beim Lernen** z. B. durch ein spielerisches Design. Durch eine Vielfalt an Aktivitäten im Klassenraum und das Nutzen von Flowerlebnissen anhand packender aber nicht überlastender Herausforderungen. Durch inspirierende **Gruppenarbeit und Teamwork** (versus alleiniges Brüten über den Aufgaben) sowie pragmatischen und praktischen Tätigkeiten, die dem entgegenkommen, was Studenten und Schüler laut der Studie von Furlong und Kollegen brauchen: **Autonomie und Wahlmöglichkeiten**.

Das Flow-Erlebnis ist ein Phänomen, das dem Feld der (intrinsischen) Motivation zugeschrieben wird und vor allem von Mihály Csikszentimihályi (1995) untersucht und vorangetrieben wird. Auch Kinder finden sich häufig in diesem Zustand des vollständigen Aufgehens, der zu Zufriedenheit und freudigem Erleben bei einer Aktivität führt. Flow entsteht häufig, wenn die Herausforderungen einer Aufgabe hoch und die Fähigkeiten der die Aufgabe ausübenden Person in ähnlichem Maße vorhanden sind.

Auch wenn Csikszentimihályi als Vater der Flowforschung gilt, wurde seine Theorie bereits im Rahmen von Kurt Hahns Erlebnispädagogik und Maria Montessoris Theorien Anfang des 20. Jahrhunderts beschrieben. Im dortigen Kontext übrigens bei Kindern beobachtet, die in ihrem Spiel völlig aufgehen konnten.

5.1   Stärken stärken und beidseitiger Einsatz

Last, but not least sollten nicht nur die Schüler bezogen auf ihre Stärken in heterogene Gruppen aufgeteilt werden, um sich optimal zu ergänzen und ihre individuellen Fähigkeiten einzubringen, sondern auch die Lehrenden für sich eine solide Basis an Wissen zu verzeichnen haben, um sich bestmöglich einzufahren und damit ihr eigenes Wohlbefinden zu steigern. Denn glücklichere Lehrer werden voraussichtlich auch ihren Job ernster, gleichzeitig mit mehr Spaß verfolgen und Inhalte besser vermitteln können.

> **Fragen**
> Wie kann man Kindern „beibringen", in der Schule aufzublühen?

Wie schon im vorherigen Kapitel als wichtigen Faktor erkannt, spielt auch hier die **Vorbildfunktion** eine entscheidende Rolle. Wenn Kinder, Jugendliche aber natürlich auch Erwachsene (z. B. als Teil der lernenden Gruppe bei der Erwachsenenbildung) merken, dass ihr Dozent oder ihre Dozentin mit Leidenschaft bei der Sache ist, die Kunst des Geschichtenerzählens für das tiefere Verständnis der Materie nutzt, seine blühende Kreativität bei der Wahl der (zur Gruppe passenden) Lehrmethoden einsetzt oder den Klassenraum mit dem Sinn für das Schöne gestaltet, sind bereits konkrete Beispiele für die Nutzung von Stärken sichtbar. Der Schritt für die Lernenden, das Vorleben auch zum Vorbild zu nehmen und es ihm oder ihr nachzumachen, ist damit nicht mehr weit und bedarf eventuell nur noch einiger Erklärungen und Ermutigungen der Vorbilder.

Weiterhin ist die Auseinandersetzung mit den Gründen und vielen Vorteilen vom Fokus auf Stärken und deren Nutzung im Kontext des Lernens eine sinnvolle Ergänzung. Wenn solche Inhalte nicht in den Lehrplan aufgenommen werden können, könnten Lehrkräfte beispielsweise in Praxis-Wochen, Wahlpflichtfächern oder Arbeitsgemeinschaften (AGs) die Beschäftigung mit Stärken aufnehmen und so näher an den Alltag einer Schule bringen. Kinder und Jugendliche könnten am Ende dieser Praxis-Einheiten Geschichten über Flow-Erlebnisse erzählen, könnten von ihren Herausforderungen und den Arten berichten, wie sie diese gemeistert haben und somit wiederum andere inspirieren, es ihnen gleich zu tun.

> **Fragen**
> Wie können Sie Ihre Stärken für das Erreichen Ihrer Ziele nutzen?

Alleine die 24 Charakterstärken aus dem bereits angesprochenen Virtues-In-Action-Fragebogen von Christopher Peterson und Martin Seligman bieten eine hervorragende Basis für eine Orientierung für den Einsatz von Stärken zur Zielerreichung.

Weiterhin gibt es andere Tests (z. B. den Strengthsfinder 2.0 unter http://www.strengthsfinder.com/ oder den Realise2 unter https://realise2.cappeu.com) oder Kriterien, die zu Stärken führen und im Verlauf des Lebens als nützlich gelten können. So könnte z. B. die Förderung von „Ausdauer" bei der Erreichung von Zielen ein verfolgenswertes Ziel sein, was beispielsweise Angela Duckworth und Kollegen (Duckworth et al. 2007) mit dem Thema „Grit" hervorragend zeigt. Für diese Art von hartnäckiger Ausdauer wäre die Leidenschaft für ein Langzeitziel in Verbindung mit einer großen Motivation zur Erreichung dessen nötig.

Es gibt auch noch weitere Möglichkeiten, auf sehr verbindende, nonverbale Art und Weise Vertrauen in der Zusammenarbeit zu fördern, Potenziale zu entfalten und Kinder anzuregen, ihr Interesse zu vergrößern und mutiger mitzumachen.

5.2 Berührende Fakten

Schon früh lernen Kinder, ihre Hände bei sich zu behalten. Ob das beim Mittagessen im Kindergarten oder erst in der Schule ist – nicht im Einzugsgebiet des Banknachbarn herumzufuchteln und diesen von seinen „Aufgaben" abzuhalten, ist eine der ersten Dinge, die Kinder mit auf den Weg bekommen. Kinder, die still sitzen, sind brav und gut erzogen. Dass Berührung eine wichtige Rolle spielt und zahlreiche positive Effekte nach sich zieht, ist nicht nur für den Kontext der Partnerschaft oder Liebe selbstverständlich (siehe z. B. Tomoff 2016 in Abschn. 3.10), sondern erfährt auch im Bildungssektor eine immer größer werdende Bedeutung. Und zwar nicht nur in Fällen von „sexueller Belästigung", sondern auch anhand von wertvollen Erkenntnissen für das Verhalten von Lehrern und Schülern.

Eine Studie vom französischen Nicolas Gueguen (2004) zeigte beispielsweise Positives: Schüler einer 120 Personen großen Mathematik-Statistikgruppe meldeten sich dreimal häufiger zu Wort, wenn sie – zusätzlich zur verbalen Bestärkung – auch einen freundschaftlichen Klaps auf den Oberarm von ihrem Lehrer bekamen.

Die Forscher zogen – mitsamt den Ergebnissen aus früheren Studien – den Schluss, dass die Berührung einen Schub von Selbstbewusstsein im Schüler bewirkt hatte und sie deshalb zu jenem positiveren Verhalten brachte. Die Berührung einer hierarchisch höher gestellten Person scheint dabei als etwas Besonderes von den Schülern bewertet zu werden.

Ein ähnlicher Effekt wurde bei Büchereiangestellten gefunden, die kurz die Hand von Schülern „tätschelten", die Bücher ausliehen. Jene Schüler mochten diese Bücherei mitsamt dem Angestellten nach eigenen Angaben mehr und kamen wahrscheinlicher wieder zurück. Und das ist – in Bezug zum Lernen – ja durchaus ein positiver Aspekt. Ganz zu schweigen von der höheren Wahrscheinlichkeit, dass Bücher pünktlich und überhaupt wieder zurückgegeben werden …

Dank des Neurowissenschaftlers Edmund Rolls, einem der führenden Forscher zum Thema Berührung, wurde bekannt, dass Berührung den orbitofrontalen Kortex des Gehirns aktiviert, der mit Gefühlen der Belohnung und des Mitgefühls verknüpft ist. Berührung ist also mehr als nur der physische Kontakt. Sie kann auch schnell Gefühle von Belohnung oder Mitgefühl auslösen und stärken, woraufhin wiederum andere positive Effekte folgen.

Berührung kann nicht nur einen augenblicklichen Boost an Selbstbewusstsein nach sich ziehen, sondern auch kulturelle und wirtschaftliche Auswirkungen haben, weil sie die Förderung von Vertrauen und Großzügigkeit in Gang bringt.

Beispiel

Der Psychologe Robert Kurzban ließ Teilnehmer eine Variante des „Gefangenendilemmas" spielen, einem mathematischen Spiel aus der Spieltheorie, bei dem sich jede Partei zu bestimmten Entscheidungen zwischen Kooperation oder Konkurrenz entscheiden kann. In Kurzbans Variante konnten Teilnehmer bis zu 12 US$ verdienen, je nach Entscheidung der anderen Mitspieler, ihnen jede Runde zur Verfügung stehende Spielsteine in ihre privaten (Konkurrenz) oder einen öffentlichen Topf (Kooperation) zu werfen.

Kurzban wollte herausfinden, ob eine kurze Berührung zu einer Erhöhung in einem solchen sozialen Dilemma führen würde (und uns somit zeigt, ob Berührung auch außerhalb des Lernkontextes in Bildungseinrichtungen einen Effekt hat). Und tatsächlich: Die gegenseitige Berührung der Teilnehmer an der Schulter machte (zumindest bei den männlichen Teilnehmern) einen großen Unterschied, denn sie waren eher bereit, mit anderen zu teilen und ihre Token in den öffentlichen Topf zu werfen, dessen Spielsteine (die für einen bestimmten Geldbetrag standen) am Ende unter allen aufgeteilt wurden (Kurzban 2001).

Berührung erfordert eine ruhige, subtile Kommunikation zwischen Individuen und kann auch als Signal für Nähe und eine (positive) Beziehung zueinander fungieren. Außerhalb der engsten Beziehungen ist es trotzdem ratsam, sich auf die „sicheren Zonen" von Schultern und Armen zu beschränken (Händeschütteln, High Fives, Schulterklopfen). Ob Sie im Büro oder Schulkontext den Kontakt initiieren oder besser auf Ihr Gegenüber warten sollten, hängt sicherlich von der Art Beziehung ab, die Sie mit Ihrem Schüler/Mitarbeiter oder dem eigenen Vorgesetzten haben.

Ein verständnisvoller Abschluss 6

Eins ist klar: Wenn das Großziehen Ihrer Kinder Sie häufig reizbar, wütend, müde oder krank vor Sorge werden lässt – Sie sind nicht alleine. Sie sind nicht der Einzige, dessen Welt auf einen Mikrokosmos zusammenschrumpft, nachdem Sie Kinder bekommen und allen riskanten Abenteuern Lebewohl gesagt haben. Sie sind unter vielen, deren Partnerschaft enormem Leidensdruck ausgesetzt ist, wenn die Kids zwischen sechs und zwölf Jahre alt sind (Compton 2004).

Viele der Ihnen nun vorliegenden Tipps und Forschungsergebnisse sollen Ihnen helfen, dass dieses Resumee sich in Zukunft dreht und Kinder für Eltern wieder (oder noch stärker) das werden, was sie sind: eine geballte Ladung Lernpotenzial für jedes Elternteil, ein wohlwollender Spiegel Ihrer Selbst, Quell des Staunens und Bewunderns, neugieriges Welterkundungsprojekt (das auch Ihnen die Welt wieder mit neuen Augen präsentiert) und eine Sie immer wieder von neuem zum Nachdenken anstiftende Ideenmaschine. Das sind die kleinen Racker nämlich tagtäglich – *auch* wenn Eltern das nicht jeden Tag als Glück empfinden mögen.

Zu glauben, dass die Unlust an der Erziehung von (eigenen) Kindern Sie zu einem schlechteren Menschen macht, ist nicht nur Gift für Ihr Wohlbefinden und die Erziehung selbst, es ist zudem einfach falsch. Dieses Wissen mag Ihnen helfen, sich nicht als Außenseiter zu fühlen und einiges an Schuldgefühlen abzuwerfen, gnädig(er) mit sich zu sein und sich einem entscheidenden Punkt bewusst zu machen: Seine Kinder zu lieben lässt immer noch offen, sich in der Elternrolle nicht wohl zu fühlen. Und seine Kinder zu lieben, ist wiederum fast allen Eltern eigen.

Aber auch Eltern, denen die Erziehung ihrer Kinder nicht als höchstes Gut auf die Stirn geschrieben steht, haben natürlich sinnerfüllte, freudvolle und euphorische Momente mit ihren Sprösslingen, die zu einem schönen Leben beitragen – zum eigenen als auch zu dem des Kindes. Kinder bringen viel Freude. Sie

© Springer Fachmedien Wiesbaden GmbH 2017
M. Tomoff, *Positive Psychologie in der Erziehung,* essentials,
DOI 10.1007/978-3-658-15914-6_6

schaffen alles übertreffende, sinnvolle und Sinn schaffende Momente im Leben der Eltern, in denen sich diese so glücklich fühlen, dass es alle harten und niederschlagenden Augenblicke aufwiegt, die sie mit ihren Zöglingen erlebt haben.

In diesem Sinne: Vielen Dank fürs Dranbleiben und Zeitnehmen!

Ihr Michael Tomoff

Was Sie aus diesem *essential* mitnehmen können

- Verständnis für die Elternrolle und auch mehr Verständnis für sich selbst
- Praktische Interventionen, um als Eltern oder Erzieher das Gute im Kind zu fördern
- Theoretische Hintergründe und Erklärungen aus Sicht der Positiven Psychologie

© Springer Fachmedien Wiesbaden GmbH 2017
M. Tomoff, *Positive Psychologie in der Erziehung*, essentials,
DOI 10.1007/978-3-658-15914-6

Literatur

Ashton-James, C. E., Kushlev, K., & Dunn, E. W. (2013). *Parents Reap What They Sow Child-Centrism and Parental Well-Being*. Social Psychological and Personality Science.

Baumeister, R. F., Bratslavsky, E., Finkenauer, C., & Vohs, K. D. (2001). Bad is stronger than good. *Review of General Psychology, 5*(4), 323–370.

Brown, K. W., & Ryan, R. M. (2004). Fostering healthy self-regulation from within and without: A self-determination theory perspective. *Positive Psychology in Practice*, 105–124.

Bryan, C. J., Adams, G. S., & Monin, B. (2013). When cheating would make you a cheater: Implicating the self prevents unethical behavior. *Journal of Experimental Psychology, 142*(4), 1001–1005.

Bryant, F. B., Smart, C. M., & King, S. P. (2005). Using the Past to Enhance the Present: Boosting Happiness Through Positive Reminiscence. *Journal of Happiness Studies, 6*(3), 227–260.

Compton, W. C. (2004). *Introduction to positive psychology*. New York: Wadsworth.

Craig, L. (2006). Does Father Care Mean Fathers Share?: A Comparison of How Mothers and Fathers in Intact Families Spend Time with Children. *Gender & Society, 20*(2), 259–281.

Csikszentmihalyi, M. (1995). *Flow: Das Geheimnis des Glücks*. Stuttgart: Klett Cotta.

Duckworth, A. L., Peterson, C., Matthews, M. D., & Kelly, D. R. (2007). Grit: Perseverance and passion for long-term goals. *Journal of Personality and Social Psychology, 92*(6), 1087–1101.

Dweck, C. (2006). *Mindset: The new psychology of success*. Random House.

Gable, S. L., Reis, H. T., Impett, E. A., & Asher, E. R. (2004). What Do You Do When Things Go Right? The Intrapersonal and Interpersonal Benefits of Sharing Positive Events. *Journal of Personality and Social Psychology, 87*(2), 228–245.

Grusec, J. E., & Redler, E. (1980). Attribution, reinforcement, and altruism: A developmental analysis. *Developmental Psychology, 16*(5), 525–534.

Evenson, R. J., & Simon, R. W. (2005). Clarifying the Relationship Between Parenthood and Depression. *Journal of Health and Social Behavior, 46*(4), 341–358.

Frattaroli, J. (2006). Experimental disclosure and its moderators: a meta-analysis. *Psychological Bulletin, 132*(6), 823.

Furlong, M. J., Gilman, R., & Huebner, E. S. (2009). *Handbook of positive psychology in schools*. Routledge.

© Springer Fachmedien Wiesbaden GmbH 2017

M. Tomoff, *Positive Psychologie in der Erziehung,* essentials,

DOI 10.1007/978-3-658-15914-6

Galovan, A. M., Holmes, E. K., Schramm, D. G., & Lee, T. R. (2013). Father Involvement, Father Child Relationship Quality, and Satisfaction With Family Work: Actor and Partner Influences on Marital Quality. *Journal of Family Issues.*

Gilbert, D. T., Lieberman, M. D., Morewedge, C. K., & Wilson, T. D. (2004). The peculiar longevity of things not so bad. *Psychological Science, 15*(1), 14–19.

Glenn, N. D., & Weaver, C. N. (1979). A note on family situation and global happiness. *Social Forces, 57,* 960–67.

Grant, A. (2016). *Geben und Nehmen – Warum Egoisten nicht immer gewinnen und hilfsbereite Menschen weiterkommen.* München: Droemer Taschenbuch.

Guéguen, N. (2004). Nonverbal encouragement of participation in a course: The effect of touching. *Social Psychology of Education, 7*(1), 89–98.

Hattiangadi, N., Medvec, V. H., & Gilovich, T. (1995). Failing to Act: Regrets of Terman's Geniuses. *The International Journal of Aging and Human Development, 40*(3), 175–185.

Hoy, B., Thalji, A., Frey, M., Kuzia, K., & Suldo, S. M. (2012). *Bullying and students' happiness: Social support as a protective factor.* Poster session presented at the National Association of School Psychologists Annual Conference, Philadelphia.

Kanner, A. D., Coyne, J. C., Schaefer, C., & Lazarus, R. S. (1981). Comparison of two modes of stress measurement: Daily hassles and uplifts versus major life events. *Journal of Behavioral Medicine, 4*(1), 1–39.

Kurzban, R. (2001). The social psychophysics of cooperation: Nonverbal communication in a public goods game. *Journal of Nonverbal Behavior, 25*(4), 241–259.

Luhmann, M., Hofmann, W., Eid, M., & Lucas, R. E. (2012). Subjective well-being and adaptation to life events: a meta-analysis. *Journal of Personality and Social Psychology, 102*(3), 592.

Martinez, G. M., Chandra, A., Abma, J. C., Jones, J., & Mosher, W. D. (2006). Fertility, contraception, and fatherhood: data on men and women from cycle 6 (2002) of the 2002 National Survey of Family Growth. *Vital and Health Statistics. Series 23, Data from the National Survey of Family Growth,* (26), 1–142.

Mclanahan, S., & Adams, J. (1987). Parenthood And Psychological Well-Being. *Annual Review of Sociology, 13*(1), 237–257.

Nelson, S. K., Kushlev, K., English, T., Dunn, E. W., & Lyubomirsky, S. (2013). In defense of parenthood: children are associated with more joy than misery. *Psychological Science, 24*(1), 3–10.

Pagani, L. S., Fitzpatrick, C., & Barnett, T. A. (2013). Early childhood television viewing and kindergarten entry readiness. *Pediatric Research, 74*(3), 350–355.

Pennebaker, J. W. (1997). *Opening up: The healing power of emotional expression.* New York: Guilford.

Peterson, C., & Seligman, M. E. P. (2004). *Character strengths and virtues: A classification and handbook.* Oxford: Oxford University Press.

Pillemer, K. (2011). *30 Lessons for Living: Tried and True Advice from the Wisest Americans.* Penguin.

Plomin, R., & Daniels, D. (1987). Why are children in the same family so different from one another? *Behavioral and Brain Sciences, 10*(01), 1–16.

Rakoczy, H., Warneken, F., & Tomasello, M. (2008). Supplemental Material for The Sources of Normativity: Young Children's Awareness of the Normative Structure of Games. *Developmental Psychology, 44*(3), 875–881.

Rasfeld, M. & Breidenbach, S. (2014). *Schulen im Aufbruch – eine Anstiftung.* München: Kösel.

Richards, M., & Huppert, F. A. (2011). Do positive children become positive adults? Evidence from a longitudinal birth cohort study. *Journal of Positive Psychology, 6*(1), 75–87.

Rizzo, K. M., Schiffrin, H. H., & Liss, M. (n. d.). Insight into the Parenthood Paradox: Mental Health Outcomes of Intensive Mothering. *Journal of Child and Family Studies, 22*(5), 614–620.

Rushton, J. P. (1975). Generosity in children: Immediate and long-term effects of modeling, preaching, and moral judgment. *Journal of Personality and Social Psychology, 31*(3), 459–466.

Schiffrin, H. H., Liss, M., Miles-McLean, H., Geary, K. A., Erchull, M. J., & Tashner, T. (2013). Helping or Hovering? The Effects of Helicopter Parenting on College Students' Well-Being. *Journal of Child and Family Studies*, 1–10.

Seligman, M. E. P. (2011). *Flourish: A New Understanding of Happiness and Well-Being – and How To Achieve Them.* Nicholas Brealey Publishing.

Seligman, M. E. P., Ernst, R. M., Gillham, J., Reivich, K., & Linkins, M. (2009). Positive education: Positive psychology and classroom interventions. *Oxford Review of Education, 35*(3), 293–311.

Statista (2016a). Durchschnittliche tägliche Fernsehdauer in Deutschland nach Altersgruppen in den Jahren 2014 und 2015 (in Minuten). Zugriff 05.05.2016; http://goo.gl/1qomHN.

Statista (2016b). Ranking der beliebtesten Freizeitaktivitäten der Deutschen (Ausübung mindestens einmal pro Woche) im Jahr 2016. Zugriff 30.08.16; http://goo.gl/xAeVw4.

Suizzo, M.-A. (2007). Parents' Goals and Values for Children: Dimensions of Independence and Interdependence Across Four U.S. Ethnic Groups. *Journal of Cross-Cultural Psychology, 38*(4), 506–530.

Tomoff, M. (2011). *Grenzen setzen: 17 Möglichkeiten zum gesunden Nein-Sagen.* Zugriff 31.08.2016; http://goo.gl/QFOWqN.

Tomoff, M. (2016). *Positive Psychologie in Liebe und Partnerschaft.* Heidelberg: Springer-Verlag.

Tomoff, M. (2017). *Positive Psychologie – Erfolgsgarant oder Schönmalerei?* Heidelberg: Springer-Verlag.

Twenge, J. M., Campbell, W. K., & Foster, C. A. (2003). Parenthood and marital satisfaction: a meta-analytic review. *Journal of marriage and family, 65*(3), 574–583.

Umberson, D., Williams, K., Powers, D. A., Chen, M. D., & Campbell, A. M. (2005). As good as it gets? A life course perspective on marital quality. *Social Forces, 84*(1), 493–511.

Wang, M.-T., & Kenny, S. (2013). Longitudinal Links Between Fathers' and Mothers' Harsh Verbal Discipline and Adolescents' Conduct Problems and Depressive Symptoms. *Child Development, 85*(3), 908–923.

Warneken, F., & Tomasello, M. (2008). Extrinsic rewards undermine altruistic tendencies in 20-month-olds. *Developmental Psychology, 44*(6), 1785–1788.

Waters, L. (2014). Balancing the curriculum: teaching gratitude, hope and resilience. *A Love of Ideas*, 117–124. Zugriff 01.05.2016; http://goo.gl/VQuXwc.